中国古代江湖游艺

王 俊 著

中国商业出版社

图书在版编目（CIP）数据

中国古代江湖游艺 / 王俊著 . -- 北京：中国商业出版社，2022.10
ISBN 978-7-5208-2235-0

Ⅰ. ①中… Ⅱ. ①王… Ⅲ. ①民间艺术—风俗习惯—中国—古代 Ⅳ. ① K892.24

中国版本图书馆 CIP 数据核字（2022）第 170185 号

责任编辑：管明林

中国商业出版社出版发行
（www.zgsycb.com 100053 北京广安门内报国寺 1 号）
总编室：010-63180647 编辑室：010-83114579
发行部：010-83120835/8286
新华书店经销
三河市吉祥印务有限公司印刷
*
710 毫米 ×1000 毫米 16 开 13 印张 173 千字
2022 年 10 月第 1 版 2022 年 10 月第 1 次印刷
定价：47.00 元
****
（如有印装质量问题可更换）

序言

  国粹者,民族文化之精髓也。
  中华民族在漫长的发展历程中,依靠勤劳的素质和智慧的力量,创造了灿烂的文化,从文学到艺术,从技艺到科学,创造出数不尽的文明成果。国粹具有鲜明的民族特色,显示出中华民族独特的艺术渊源以及技艺发展轨迹,是民族智慧的结晶。
  梁启超在1902年写给黄遵宪的信中就直接使用了"国粹"这一概念,其观点在于"养成国民,当以保存国粹为主义,当取旧学磨洗而光大之"。当时国粹派的代表人物黄节于1902年在《国粹保存主义》一文中写道:"夫国粹者,国家特别之精神也。"章太炎1906年在《东京留学生欢迎会演说辞》里也提出了"用国粹激动种性"的问题。
  1905年《国粹学报》在上海的创刊第一次将"国粹"的概念带入了大众的视野。当时国粹派的主要代表人物有章太炎、刘师培、邓实、黄节、陈去病、黄侃、马叙伦等。为应对西方文化输入的影响,他们高扬起"国学"旗帜:"不自主其国,而奴隶于人之国,谓之国奴;不自主其学,而奴于人之学,谓之学奴。奴于外族之专制谓之国奴,奴于东西之学,亦何得而非奴也。同人痛国之不立而学之日亡,于是瞻天与火,类族辨物,创为《国粹学报》,以告海内。"(章太炎:《国粹学报发刊词》)
  中华民族经历着伟大的历史复兴,中国崛起于世界之林,随着经济的发展,国家日渐强大,文化的影响力日益凸显。
  20世纪,特别是80年代以来,国学已是社会和学界关注的热门。21世纪,我国经济、文化有了更大的发展,从文化自信到文化强国,我们有全面梳理中国传统文化精华,并加以宣扬和传播的使命与义务,以便广大读者特别是青少年,对其重新认知和用心守护。

因此,国粹系列丛书的出版恰逢其时。这套书有四大特色。

第一,这套书是在当下信息时代的大背景下,立足中国传统文化经典,重视学术资料性,以图文并茂的形式,全面系统地阐释中华国粹。同时,每一种书都有深入探索,在"历史—文化"的综合视野下,对各时代人们的生活情趣和心理境界作了具体探讨。它既是记录中华国粹经典、普及中华文明的读物,又是兼具严肃性和权威性的中华文化典藏之作,可以说是学术性与普及性的结合。这当能使我们现代年青一代,认识中华文化之博大精深,感受中华国粹之独特魅力,进而弘扬中华文化,激发爱国主义热情。

第二,这套书既注重对文化作历史性的线索梳理,探索不同时代特色和社会风貌,又沟通古今,着重联系现实,吸收当代社会科学与自然科学的新鲜知识,形成更为独到的研究视野与观念。其中不少书的历史记述从先秦两汉开始,直至20世纪,这确为古为今用提供了值得思索的文本,通过对各项国粹的历史发展脉络的梳理总结,提出了很多建设性的意见和发展策略。

第三,这套书既注重历史发展梳理,又注重对地域文化进行探索、研究。例如,《中国古代木雕》一书,既统述了木雕艺术的发展历程(自商周至明清),又分列了江浙地区、闽台地区、广东地区,以及西部少数民族地区的木雕艺术特色。再如,《中国古代饮食文化》一书,既介绍了我国饮食文化的发展历程,又论述了中国八大菜系的具体知识,即鲁菜、川菜、粤菜、闽菜、苏菜、浙菜、湘菜、徽菜。这套书在记述中注意与社会风尚、民间习俗相结合,确能引起人们的思乡之情。中华民族文化是一个整体,但它是由许多各具特色的地域文化组合、融汇而成的。不同地域的文化具有不同的色彩,这就使中华文化多姿多彩,展示地域文化的特点,无疑将把我们的文化史研究引向深入。另外,这套书还探讨了多种国粹对其他国家的影响。中华文明在国外的传播,已经形成一种异彩纷呈、底蕴丰富的文化形象,对中外文化交流起到了促进作用。

第四,这套书,每一种都是图文并茂、文字流畅,饶有情趣,极具吸引力。特别是在介绍山水、田园,以及各种戏曲、说唱等艺术品类时,更是"使笔如画",使读者徜徉在美不胜收的艺术境地。阅读者会得到知识的增进和审美情趣的愉悦。

　　时代呼唤文化，文化凝聚力量，文化越来越成为民族凝聚力和创造力的重要源泉。要大力弘扬中华优秀传统文化，大力发扬社会主义先进文化，把我国建设成为文化强国，实现中华民族的伟大复新兴。我们希望这套国粹经典，不仅能促进青少年阅读，还能服务于当前文化的奋进新征程，铸就辉煌前景。

王　俊

于普纳威美亚公寓

壬寅年春

第一章　舞蹈的朦胧

第一节　巫觋之舞：神秘原始 …………………………………… 2
第二节　宫廷之舞：雅俗参半 …………………………………… 13
第三节　市井之舞：泯灭自我 …………………………………… 23

第二章　讲唱与戏曲

第一节　曲子词、缠令、唱赚与诸宫调 ………………………… 38
第二节　俗讲与说话 ……………………………………………… 45
第三节　杂剧 ……………………………………………………… 53
第四节　南戏、昆曲与花部 ……………………………………… 61

第三章 杂　技

第一节　舞刀弄棍 …………………………………… 68

第二节　"打把势" …………………………………… 81

第三节　寻橦与走索 ………………………………… 90

第四节　戏车与马戏 ………………………………… 98

第五节　口技 ………………………………………… 109

第六节　幻术 ………………………………………… 117

第七节　傀儡戏与皮影戏 …………………………… 125

第四章　竞技性娱乐

第一节　角抵 ………………………………………… 132

第二节　蹴鞠 ………………………………………… 144

第三节　击鞠与马球 ………………………………… 154

第四节　骑射 ………………………………………… 165

第五节　龙舟竞渡 …………………………………… 173

第五章 有闲者的作乐

第一节 斗鸡 …………………………………………………… 184

第二节 斗蟋蟀 ………………………………………………… 191

第一章

舞蹈的朦胧

第一节 巫觋之舞：神秘原始

舞蹈是感情迸发到极点，无法用语言来进行表达时的一种宣泄形式，即《通典》所谓："舞也者，咏歌不足，故手舞之，足蹈之，动其容，象其事，而谓之为乐。"

不过，这仅仅是谈了舞蹈与情感之间的关系。

那么，在人类的童年时代，舞蹈又是如何产生的呢？在漫长的蒙昧岁月中，人类最难以表达的情感是什么？

或许，有人说，异性之间的爱情是最热烈的，也是最难以表达的。舞蹈当产生于两性之间的爱。

不错，异性之间的追求的确是热烈的，也是文学赖以产生与发展的一种原动力。这是因为，异性之间的相互追求本身即是一种活生生的社会生活。例如，曹植的《洛神赋》即源于他理想中的梦中情人场景，伤透了心的曹植面对滔滔的洛水，写下了文采飞扬的不朽诗篇

晋顾恺之《洛神赋图卷》（局部）

《洛神赋》，晋代著名画家顾恺之据此画出了《洛神赋图》这幅不朽画卷，以绚丽色彩形象地再现了洛神女那雍容华贵的风姿，淋漓尽致地描述了曹植追求爱情和自由的情愫。

但这仅仅是歌舞的源泉，还不是源头！

这是因为，人类处于蒙昧之时，性爱大于情爱，两性之间的结合更多地表现为一种动物性本能。为了限制这种动物性本能，人类的婚姻形态才由群婚转向族外婚、对偶婚并发展到一夫一妻制，一步步摆脱了兽性，实现了由野兽向天使转变的同时，也使情爱逐渐战胜性爱。因此，英国学者莫里斯在其所著《裸猿》中才说："与其说是文明的进步造就了现代人的性行为，倒不如说是性行为塑造了人类文明。"

由此看来，不仅文学家那句口头禅"爱情是人类永恒的主题"有点不够确切，而且说明最早的舞蹈绝不是产生于求偶式的爱情。

也或许，有人会说，人类中最难以表达的感情莫过于血肉之情，血缘关系是联系人之初的唯一纽带，舞蹈当产生于血肉之情。

不错，血肉之情确为支配和制约人类各种社会关系的决定性因素。但是，处于混沌之时的人类对于血缘关系的认识一片空白，只有在对自身种族繁衍和有关生殖知识不断积累之后才逐渐深化的。因此，才有了原始人群、母系氏族、父系氏族等不同的社会形态。

显然，这也不可能是一个舞蹈起源的设想。

真正的舞蹈当产生于原始宗教出现之际，起源于对神灵的崇拜。在原始宗教产生之初，远古人类对于世界的一切都感到迷茫和困惑，从而使自然崇拜最早产生。自然崇拜是万物为神的崇拜，是一种茫然、愚昧但又淳朴、真诚的崇拜。这种崇拜既不是人类由动物界带来的本能，也不是由血缘所决定的一种亲情，而是一种说不清道不明但又是无比真挚的崇拜，是一种宗教徒所特有的那种痴情。正是在这种痴情的驱使之下，原始时代的人们才不可能用语言而只能用形体这种人类最高情感宣泄方式来表示对于神灵的感激与乞求之情。于是，"咏歌不足，故手舞之，足蹈之，动其容，象其事，而谓之为乐"的现象便应运而生，舞蹈由此而滥觞。

可以说，在原始宗教产生之初，应该是一个人人都能扮演与神交通角色的局面，舞蹈也便成为原始人类与神灵交通的媒介。这就是所谓的在颛

高淳跳五猖场景雕塑

顼之前的"人之初,天下通,人上通,旦上天,夕上天,天与人,旦有语,夕有语"。

有一首《弹歌》可以为证。现在能够见到的《弹歌》的歌词为

　　　　断竹,续竹,

　　　　飞土,逐肉!

这是一首极其原始的二言体歌谣,是死人放在野外,孝子带着用竹做成的弓箭驱赶前来吞噬人体的野兽,守护尸体时所唱的一种歌。流行的年代当为孟子所说的"尝有不葬其亲者,其亲死,则举而委之于壑,他日过之,狐狸食之,蝇蚋姑嘬之"的"上世",只是后来人们不忍心其先人的尸体为蝼蚁所吞噬,才产生了墓葬等风俗。可见,《弹歌》的性质是一种亲友参与的丧葬巫术。可以说,后世出现的各种与祖先崇拜有关祭祀习俗大都由此派生而来。

从许慎的《说文解字》对"吊"字的解释中,也能够见到《弹歌》的痕迹:

吊,问终也,从人弓。古之葬者,厚衣之以薪,故人持弓,会驱禽

云南　李家山古墓出土战国祭祀人物扣饰

也。弓盖往复吊问之义。

有关《弹歌》的风俗在后世的丧葬中仍然保留了一些痕迹。在古代，匈奴、鲜卑、高车、肃慎、突厥等民族的氏族社会中，都有从事巫术的"萨满"来主持丧葬。景颇族的巫师，为死者主持一次"送魂"仪式，可得到一头牛的报偿。在当今哈

萨满巫师在举行祭祀活动的图片

尼、布依、畲、水及傣族等民族中，还盛行唱丧歌跳丧舞，参加者主要为本村寨男女，也有外村寨的人。汉代皇帝出殡时"执绋者挽歌"，以及汉乐府中的《薤露歌》和《蒿里行》这两首目前所能见到的最早挽歌，当是由《弹歌》演变而来。

流传不衰的"踏歌"也是一种人人参加的歌与舞的最原始、最古朴的结合形式。胡三省注《资治通鉴》，对"踏歌"的解释是："踏歌者，连手而歌，踏地为节。"这个解释非常精辟。踏歌者手拉手，边舞边歌，当是

汉画像石《踏歌作法图》

原始居民表达其内心世界的一种最便捷的方式。这种踏歌的最原始形式当如《后汉书·东夷列传》所说，东夷"常以五月田竟，祭鬼神，昼夜酒会，群聚歌舞。舞辄数十人相随，踏地为节"。可见，踏歌原始形态是一种祭祀活动。

原始时代人人能够与神灵交通的局面，到传说中的颛顼时代得到遏止，从此才有了专职性巫觋，舞蹈这种与神灵交通的媒介也才成为巫觋所拥有的专利。

先秦时代，歌舞多带有神秘性，其中原因即在于巫觋文化的盛行。夏商时代，巫觋文化最有权威性。巫觋的主要职责是占卜、祭祀和祈祷。巫觋是统治者与神灵之间交通的唯一媒介，无论是国家大事，还是天气变化等，几乎各种事情都要由通神巫觋来领会神的旨意，并将统治者的意图向神禀报。巫觋交通各种神灵的手段便是歌舞。《尚书·伊训》将巫觋在房子中没完没了的歌舞，痴迷一般地施法以求神的现象称为"巫风"。孔颖达解释"巫风"一词说："巫以歌舞事神，故歌舞为巫觋之风俗也。"由此看来，在远古时代，舞为巫觋所拥有的一种特长似乎能够说得通。因此，《说文解字》解释"巫"字说，女人能侍奉无形的神灵，能用歌舞来降神，因而"巫"字为扬起两只衣袖跳舞的形象。因此，郑玄的《诗谱》谓："古代之巫，实以歌舞为职。"

商代更是一个巫觋文化乌烟瘴气的时代，从中可以看到巫觋为职业性舞蹈家的某些特征。古籍谓："殷人尚声。"这里的"声"，与古代所说的"乐""舞"等一样，都是一个综合性词语，既是歌、舞、乐三者整合为一体，还没有产生分野时的一种综合性词语。

《诗经·商颂·那》便是这样一首描述殷人盛大祭奠的主题歌：

猗与那与，置我鞉鼓。奏鼓简简，衎我烈祖。汤孙奏假，绥我思成。鞉鼓渊渊，嘒嘒管声。既和且平，依我磬声。於赫汤孙，穆穆厥声。庸鼓有斁，万舞有奕。我有嘉客，亦不夷怿。自古在昔，先民有作。温恭朝夕,执事有恪。顾予烝尝,汤孙之将。

如此在鼓、管、钟、磬的齐鸣声中,舞者神采飞扬,歌者高亢激昂,歌、舞、乐三者融会一气,形成了波澜壮阔的"万舞"场面,也展现了商代巫觋文化的浓厚。

展现巫觋施法百态的舞蹈莫过于远古即存在的雩舞。"雩"为古代求雨的祭礼。《说文》曰:"雩,夏祭乐于赤帝,以祈甘雨也。"雩舞在甲骨卜辞中又称"隶舞"。"隶"字像人手持鸟羽做舞蹈之形。自原始农业产生之后,如何解除旱情以确保农业丰收便成为中国这个旱灾频发国家的原始居民最感头痛的问题,从而使雩祭也成为最为重要的一种活动。到周代,雩祭既是礼乐制度中的重要内容,也是巫觋的首要职责所在。"若国大旱,(司巫)则帅巫而舞雩""旱暵(女巫)则舞雩。"如此,男巫女巫都能够参加祭祀的活动,在所有祭祀中还是少见的,也说明雩祭的重要性以及雩舞对于后世舞蹈影响地位的显著,现在所见到的汉代乐舞图像中大多带有雩舞的痕迹。

山东肥城孝堂山汉代乐舞画像石

除巫觋之外,在夏商周时代,恐怕能与神灵交通的人物即是至高无上的"王"了。据说,夏禹、商汤都曾兼有巫觋的身份。在甲骨卜辞中,有诸如"王作般舞""王舞佑雨""王其羽舞""王隶兹年"等记载,说明"王"也拥有与神交通的权力。商代,最为著名的王祭为汤祷于桑林。《吕氏春秋·顺民篇》谓:"昔者汤克夏而正天下,天大旱,五年不收,汤乃以身祝祷于桑林曰:'余一人有罪,无及万夫;万夫有罪,在余一人;无以一人之不敏,使上帝鬼神伤民之命。'于是,剪其发,磨其手,以身为牺牲,用祈福于上帝。"《古今图书集成·乐律典》引《通鉴大纪》也

成都百花潭出土战国青铜壶纹《射礼图》(局部)

说:"天油然作云,沛然下雨,岁则大熟,天下欢洽。"

因商汤在桑林祈雨成功,故祈雨祭礼的"雩舞"也被称为"桑林舞"。桑林在宋国,"武王胜殷,立成汤之后于宋,以奉桑林",因而"桑林舞"又被说成"宋乐舞名"。公元前563年,宋平公在楚丘宴请晋悼公,宴会中表演了"桑林舞","舞师题以旌夏",即引导舞队出场的领舞者手执只有天子之乐才使用的五彩鸟羽和上有析羽为徽识的旗幡,晋悼公认为这是一种僭越行为,吓得慌忙离席而躲进偏房中。可见,此时的"桑林舞"已经摆脱了巫觋祭祀时的色彩而变成一种纯粹的宫廷舞蹈了。

原始时代,另一种最流行的舞蹈当与人类的繁衍、庄稼的丰收有关的所谓"恋爱舞"。人类的生存和发展,无外乎两个方面:一是种族繁衍,二是物质生产。因此,诸如春祭之时男女载歌载舞,嬉戏欢闹,乃至相爱性交,企图以人的两性结合来感染自然界的阴阳交融与和谐,以取得庄稼繁茂的"祓禊"风俗,当为数不少。据研究,《诗经·陈风》中的《宛丘》和《东门之枌》所描写的即是巫舞,但也都是恋爱舞蹈。看到女巫在宛丘东门外白榆之下翩翩起舞,诗中男主人公实在不能自持,于是便不顾一切地向女巫求爱,并祝愿说:"青春易逝,希望我们常到这儿喜庆欢乐。我把你看成一朵花,你能不能赠我一把花椒籽作为定情物呢?"

祭祀高禖之神时所跳的"万舞",同样是一种具有性爱色彩的舞蹈。周代,在祭祀其女祖姜嫄时,在庙中所跳的舞蹈也为"万舞"。

即使到近代,在杭嘉湖蚕乡所流行的"轧蚕花"习俗中仍然能够见到这种原始接触巫术的痕迹。"蚕花"是蚕乡普遍流行的一种好"口彩",所表达的是蚕农祈求蚕茧丰收的愿望;"轧蚕花"则是蚕乡男女青年在传统庙会期间借祈求蚕茧丰收而互相挤轧调情的一种社交活动。农历二月至清明前这段时间内,杭嘉湖各地都有庙会活动。每到此时,禁忌大开,平日所讲究的"男女授受不亲"也荡然无存。姑娘们打扮得花枝招展，在大襟上佩戴一块被称为"利市绢头"的蚕花手帕，于庙会人丛中挤来挤去，遇上可意男子即你推我揉，打情骂俏。按当地习俗，男子可以随意扯去女子大襟上的蚕花手帕。在互相挤轧时，姑娘遇到可心的小伙子，会让他摸一摸自己的乳房，俗称"摸蚕花"。习俗认为，姑娘只有被小伙子摸过乳房才有资格当蚕娘。否则，轧一通蚕花，连一个男人也没有理她，不仅蚕花不能丰收，甚至意味着姑娘是一个没有人要的女人，那将是一件最不光彩的事。这种风俗，显然是古代以男女性交来预示庄稼丰收风俗的一种遗留。

至于至今仍在流行的壮族"三月三"歌圩对歌、苗族的"跳月"、黎族的"游村"、布依族的"朗梢"、侗族的"耍花山"、彝族的"跳弦"、基诺族和佤族的"串姑娘"等，也都是这种风俗的一种遗留。

只是，如此将猥亵的性爱与神圣的宗教联系在一起，似乎让人感到大惑不解。但历史的

在山上对歌的仫佬族男女青年

真实即在于此，用闻一多的话说便是："原始生活中，宗教与性爱颇不易分，所以虽猥亵而仍不妨为享神的乐。"

巫觋之术如此乌七八糟，扑朔迷离，浅显笨拙而又盛行不衰，这似乎实在让人难以理解。

不过，只要清楚巫觋文化同样是受中国传统文化所决定和制约的一种文化便明白了。与西方文化相比，中国传统文化的最大特征是以"天人合一"而不是以"主体、客体二分"为其灵魂的。这种文化灵魂规定了中国人的思维模式以比附类推见长。因此，世界的万事万物都被中国人纳入

自己的文化构筑,使"人物一理"成为一种观察世界与分析世界的思维模式。这种状况不仅决定了中国原始宗教中的歌舞带有"百首率舞""四夷献舞""万舞"等特征,而且为中国原始歌舞所带有的神秘性中增添了几分人情味的曼妙色彩。

正是这股带有人情味的曼妙色彩,才使中国古代舞蹈自其诞生那天起即绝不单单带有愚昧与神秘面纱,而且还带有无穷的艺术魅力。

虽然,有关原始舞蹈艺术的情调难以让人说清楚,但战国时代仍然带有浓厚原始舞蹈气味的楚国之舞则可以使人领悟到其中的绚丽多姿。

到东周时期,各国由于崇尚周礼而改变了殷商之时敬鬼事神的文化特征,从而使中国的神本文化逐渐淡化而民本文化大行其道。但是,位于江汉之地的楚国仍然我行我素,巫风直至战国末年仍然不止。汉代王逸即说:"昔楚国南郢之邑,沅湘之间,其俗信鬼而好祠。其祠必作歌乐鼓舞以乐诸神。"

楚国的祭祀,既以佳肴、锦绣、华堂、男女这些人类嗜好和欲望来悦神谀鬼,又以娱悦鬼神的事情来取乐活人,从而使神鬼与生人、神与神、人与人的怀恋怨慕纠合在一起,分不清哪是人,哪是神的情愫之中,透露出巫觋文化的丰富想象和悠长情怀。

《九歌》十一篇,便是楚国祭神歌舞的集中代表。其中,不仅流淌着楚国之舞所拥有的含情脉脉的人性味,而且洋溢着幻想与虔诚之中的浪漫,还蕴藏着变化无穷的舞蹈动作与形式。其舞者,有祭神的群巫,有扮神的灵巫,有主祭的神尸,

长沙子弹库楚墓《御龙升天图》

不同角色的巫觋,足以构成演出歌舞剧的阵营。这群巫觋所遐想的空间,高至九天云表,远至四海极浦,虚至咸池扶桑,缈至太空宇宙,高奏了一曲"登九天兮抚彗星","横四海兮焉穷","精骛八极,心游万仞"的浪漫圆舞曲。《九歌》之中,《东皇太一》《国殇》为迎神舞曲,舞蹈节奏缓慢,群巫有条不紊地做着各种舞蹈动作,动作舒展,气氛肃穆。《湘君》《湘夫人》为湘水二神相恋舞曲,相思时一往情深,失恋后惆怅落魄。《少司命》则为人神相恋,女巫的舞曲充满怨慕恋情,可谓异想天开。《山鬼》为女神独舞,伤春怀人,洋溢着对异性的倾慕之情。《礼魂》为送神舞曲,群巫手持香草更迭而舞,人神之间恋恋不舍……

一曲《九歌》,大发怀恋深情,所体现的正是原始舞蹈神秘之中洋溢深情的特征。对此,清代蒋骥在《楚辞余论》中说:《九歌》之作,专主祀神。祀神之道,乐以迎来,哀以送往。欲其来速,斯愈觉其迟;欲其去迟,斯欲觉其速,固祀者之常情也。"

神秘而浪漫的楚舞对于汉舞影响极大,乃至中国古代的舞蹈都曾产生过重要影响。《西京杂记》云:"善为翘袖折腰之舞"的戚夫人,"在宫内时,常以弦管歌舞相欢娱"。戚夫人得宠,汉高祖刘邦欲废吕后之子刘盈而立戚夫人之子赵王如意为太子。此事因吕后多谋而失败,戚夫人为此懊丧不已。刘邦安慰她说:"为我楚舞,吾为若楚歌。"戚夫人所为楚舞当为"翘袖折腰之舞",此种舞蹈当为后世中国舞蹈的主要

长沙陈家大山楚墓出土
《龙凤帛画》

特点所在。

楚地歌舞，响彻古今，浇灌了中国舞蹈艺术之花的绚丽多姿。楚舞的最大特色是飘逸、轻柔、热烈。在湖南长沙东郊陈家大山楚墓中所出土的"龙凤帛画"中，有一垂髻、宽袖、细腰、纤眉少妇做祈祷状，其上方为一只扬颈展翅之凤，凤之前为一条弯曲上升之龙。显然，这是一个巫祝形象。由此，人们不仅想起那个既迷恋女色，又酷爱歌舞，还信奉巫祝的楚灵王。"楚灵王好细腰，而国中多饿人"。可见，这些"细腰"者当为担任巫祝之职的年轻貌美女子。

第二节

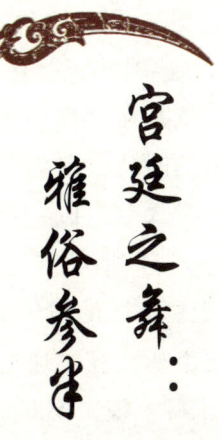

宫廷之舞：雅俗参半

在中国古代社会中，宫廷舞蹈的发展里程上当有三座丰碑：一为西周，将乐舞与礼制紧紧地捆绑在一起，建立起一座雅舞的坐标与丰碑；二是汉代，将异域之舞和民间之舞纳入宫廷，铸造起中国宫廷乐舞第一个高峰的同时，也将舞蹈与娱乐联系在一起；三是盛唐时代，在尽量汲取异域之舞的同时，把民间开始出现的广场艺术性舞蹈纳入宫廷舞蹈，塑造了宫廷舞蹈艺术又一个巅峰的同时，使舞蹈成为一种大型的艺术而为中国戏剧艺术的发展奠定了基础。

自黄帝至周武王，所保留下来的古老雅乐被称为"六代之乐"，有黄帝之《云门》、尧之《咸池》、舜之《大韶》、禹之《大夏》、汤之《大濩》、周武之《大武》等。这些歌舞之所以被称为"雅乐"，主要原因恐怕是在于原始歌舞进入"宫廷"之后，自身所具有的宗教色彩逐渐淡化、礼制味道不断浓厚的一种结果。

配合礼制，宣扬统治者的文治武功，则是夏商周三代宫廷乐舞的主要宗旨。因此，三代之舞，雅虽雅矣，但古板有余而文采不足，教化味道浓厚而娱乐气质淡薄。由此可见，王朗所说"自黄帝《云门》至周《大武》，皆太庙乐舞名也"，当不为过。

春秋晚期，礼崩乐坏，孔子为之痛心疾首。因此，"颜渊问为邦，子

战国带有投壶、歌舞等多种活动的
青铜壶纹《乐舞图》

曰：行夏之时，乘殷之辂，服周之冕，乐则韶舞。放郑声，远佞人。郑声淫，佞人殆"。不过，就是在这样一个社会形态变革的时代，民间乐舞蹈却开始登堂入室，以一种摧枯拉朽之势迅速进入宫廷。被称为"郑卫之声"的俗乐乘机开辟自己的市场，在迅速进入宫廷舞乐的同时，也成为受社会各阶层所喜欢的一种乐舞。魏文侯即直言不讳地说："吾端冕而听古乐，则惟恐卧；听郑卫之声，则不知倦。"梁惠王也说："寡人非能好先王之乐也，直好世俗之乐耳。"从此，揭开了宫廷之舞变革的序幕。

不过，当时乐舞仍带有浓厚的求神的色彩，娱人的气氛还较淡化。如每年岁末都要举行的腊祭之舞，天子祭天以报功，百姓跳舞以庆贺，乐队吹奏，表演者载歌载舞，唱词为："土反其宅，水归其壑，昆虫勿作，草木归其泽。"即使带有浪漫色彩的楚国之舞，悦神的色彩也极为浓厚。如《九歌》便是一种祭神乐舞，是屈原被放逐后见民间祭神粗俗，因之作曲填词，以上陈事神之敬，下抒自己怨结，遂使这种乐舞得到升华而流传至今。

秦始皇虽为一代雄主，振长鞭而御宇内，完成中国统一大业而成为中国历史上第一位皇帝。但是，在中国传统文化建设上，他却是一个彻底的失败者。这位铁腕人物，运用手中的权力，焚书坑儒，摧残乃至窒息了中国文化的发展，给中国思想文化带来灾难性打击的同时，也使商周以来的宫廷乐舞受到了毁灭性的打击。但是，秦始皇那对待乐舞的博大胸怀则令人为之肃然起敬。秦始皇统一宇内之后，不仅设置太乐和乐府，分别负责演奏古时雅乐和收集民间乐舞，而且将东方六国乐舞文化和表演艺人会集咸阳，一展他所拥有的伟大政治家的宽广胸襟。因此，李斯才在他的《谏逐客书》中说：

所以饰后宫、充下陈、娱心意、说耳目者，必出于秦然后可，则是宛珠之簪，傅玑之珥，阿缟之衣，锦绣之饰不进于前，而随俗雅化，佳冶窈窕，赵女不立于侧也。夫击瓮叩缶弹筝博髀，而歌呼呜呜快耳者，真秦之声也。郑卫桑间、韶虞武象者，异国之乐也。今弃击瓮叩缶而就郑卫，退弹筝而取韶虞，若是者何也？快意当前，适观而已矣。

汉代，既是一个大统一的时代，也是一个中国传统文化确立的时代，还是一个以开明的气度来构筑中国宫廷乐舞艺术大厦的时代。

汉高祖刘邦当是一个开启用楚地之舞来充实和变革宫廷舞蹈之门的皇帝。对于宫廷中的雅乐，刘邦并不讲究。先秦宫廷中所盛行的雅乐精髓，汉初乐师"但能记其铿锵鼓舞，而不能言其义"。因此，叔孙通在制定礼仪时，不得不"颇采古礼，与秦仪杂就之"，从而得到刘邦的赏识和儒生们的肯定，被认为"诚圣人也，知当世之要务"。

正是在这种历史前提之下，被视为正统的一系列宫廷雅乐才仅仅表现为适应和满足统一帝国祭祀天地与宗庙、朝会宴享的需求而被重新创造的。"周存六代之乐，至秦唯余《韶》《武》而已。始皇改周舞曰《五行》，汉高祖改《韶舞》曰《文始》，以示不相袭也。又造《武德舞》，舞人悉执干戚，以象天下乐已行武以除乱也……高祖又作《昭容乐》《礼容乐》……汉初又有《嘉至乐》，叔通孙因秦乐人制宗庙迎神之乐也。文帝又自造《四时舞》，以明天下之安和。盖乐先王之乐者，明有法也，乐己所自作者，明有制也。"

为了追求享乐，不拘礼法的刘邦，作为一个以亭长出身而登皇帝位的楚地子孙，对于楚国那带有浓厚浪漫色彩的乐舞终不能忘怀。因此，楚地乐舞随着刘邦的功成名就而进入庙堂。楚乐由楚地所流行的感情色彩极为浓郁的民间歌曲、配以轻柔飘逸的舞蹈动作所构成，是汉代乐舞的基调。汉代最有代表性的歌舞为"相和歌"与"鼓吹乐"。相和歌的艺术特点为"丝竹更相和，执节者歌"。汉高祖还

秦汉歌舞壁画

乡时所唱《大风歌》，沛中120位少年和之，"高祖乃起舞，慷慨伤怀，泣数行下"，即是一首著名的相和歌。及至后来，相和歌发展为由歌唱、舞蹈和乐器伴奏的大型演出形式，被称为"相和大曲"。据考证，汉代流行的《激

汉画像石《干戚乐舞图》

楚》《结风》《阳阿》《七盘舞》等，皆为楚地乐舞。即使汉魏期间辞赋中所描写的舞蹈，也大都是楚舞。如张衡的《七盘舞赋》《西京赋》，傅毅的《舞赋》，边让的《章华赋》，王粲的《七释》，崔骃的《七依》，曹植的《七启》，卞兰的《许昌宫赋》等。因此，鲁迅在其《汉文学史纲要·汉宫之楚声》中说："楚汉之际，诗教已熄，民间多乐楚声。刘邦以一亭之长登帝位，其风遂亦被宫掖。盖秦灭六国，四方怨恨，而楚尤发愤，誓虽三户必亡秦，于是江湖激昂之士，遂以楚声为尚。"

不过，在西汉宫廷乐舞之中，楚声仅是民间乐舞的一种代表而已，更多的则是由乐府所收集的民间乐舞。汉武帝时，"乃立乐府，采诗夜诵。有赵、代、秦、楚之讴……举司马相如等数十人造为诗赋，略论律吕，以合八音之调，作十九章之歌"。乐府作为政府机构，是负责收集、整理和制作音乐的机关，对于汉乐舞的发展曾起到重要作用。

汉高祖刘邦像

其实，在汉武帝之前，民间舞蹈即开始进入西汉宫廷。刘邦登上皇帝宝座之后，即令天下立灵星祠。灵星为天田星，又称后稷，是主持农业的神，祭祀时要跳灵星舞。灵星舞为起源于民间的农作之舞，用于祭祀后便成为汉代的一种雅乐舞蹈。此舞由16位少年表演，动作有除草、耕种、驱雀、舂簸等。除此之外，由西南地区传入宫廷的巴渝舞，也成为汉代宫廷用于宴享和朝会的一种雅舞。巴渝舞本为古朴雄壮的民间舞蹈，表演时，舞者披甲戴盔，持矛执盾，口唱战歌，动作勇猛，相传是刘邦命

平定三秦时招募西南地区能歌善舞蹈、勇猛善战的宗人所创。这些舞蹈进入宫廷雅舞之列，无疑成为汉代舞蹈风格变迁的滥觞。

汉武帝之后，各种舞蹈皆被纳入演出之列，使两汉时代的舞蹈更加表现出色彩纷呈的局面。其中，既有燕赵之舞，也有楚越之舞，还有巴渝之舞，有祭祀农神的"灵星舞"，祭祀天地的"巫舞"，有舞姿动人的"长袖舞"，也有令人捧腹的"盘鼓舞"等。长袖舞飘逸妩媚，婀娜多姿，舒展奔放，美不胜收。汉高祖戚夫人"善为翘袖折腰之舞"以得宠，汉成帝宠妃赵飞燕以舞姿潇洒、身轻如燕而青史留名。"长袖善舞"成为汉代皇宫和达官贵人府第的主要舞蹈，在考古资料中多有发现。与之相比，"盘鼓舞"刚健豪放，纵横跳跃而见长。这种舞蹈所用盘鼓的数量与陈放皆无一定之规，舞者且歌且舞，以足蹈鼓击盘，动作随意发挥，刚劲奔放有余，滑稽活泼丛生，更加体现了民间舞蹈所具有的娱乐性特征。甚至，在画像石上还有侏儒参与舞蹈形象，戏剧效果浓厚，令人忍俊不禁。

西汉　绕襟衣陶舞俑

汉代舞蹈得以发展的另一种源泉，则是来源于异域民族的舞蹈。这与汉代大一统局面的出现以及统治者的气度有关。汉代统治者以大一统帝国主宰者的面貌出现在中国的政治舞台上，追求刺激与享乐的思绪不仅更加强烈，而且能够使异域乐舞更加顺利地进入庙堂之上。异域乐舞进入中原，变革了内地乐舞的风格，自然大大淡化了乐舞所带有的礼制文化色彩，增强了乐舞的娱乐性质和功能。宫廷之中，"设车戏，教驰逐，饰文彩，丛珍怪。撞万石之钟，击雷霆之鼓，作俳优，舞郑女"，乐舞呈现出一种新的风貌。

在汉舞之中，鼓吹乐即是受北方和西域地区音乐影响而发展起来的乐舞形式。乐器以鼓、铙、角、箫等打击乐器和吹奏乐器为主，音乐铿锵雄壮，色彩强烈。传入中原之后，形成了风格独具的"邯郸鼓吹""淮南鼓吹"等，被朝廷采用而出现了用于宴飨的"黄门鼓吹"、用于车驾出行的"骑吹"，以及用于军旅的"横吹""短箫铙歌"等，不仅使音乐趋向多样化，而且使中国乐器形成了以管弦乐、打击乐为主的格局。随着音乐情调的变更，舞蹈姿容也发生着变化。楚舞以轻柔飘逸而著称，与鼓吹乐相配合的舞蹈则以刚健强劲而见长。因此，伴随鼓吹乐在汉代宫廷中的盛行，剽悍刚劲的边疆地区的舞蹈进入宫廷的同时，也使以柔丽和缓见长的传统舞蹈为之一变，从而为汉代舞蹈的发展注入勃勃生机。

济宁出土汉画像石《车骑百戏图》

汉代乐舞风格的变化，刺激汉人追求稀奇审美心理的与日俱增，而汉武帝时代国势的强盛则促使奢靡之风的经久不息。从此，上自皇宫，下至民间，乐舞充斥于社会生活的各个层面，无论是朝廷郊庙祭祀、朝廷宴会，还是民间的结婚仪式、丰年吉庆，无不以乐舞予以烘托气氛，表达情感。至于一本正经的雅乐，则成为一种装饰。对此，班固曾谓："岁时以备数，然不常御，常御及郊庙皆非雅声……内有庭掖才人，外有上林乐府，皆以郑声施于朝廷。"

秦汉时代，乐舞所表现出来的雅乐被重新创造与制作，民间俗乐大行其道的特点，动力之源即在于民间乐舞所具有的娱乐性功能得到充分发挥。因此，与舞蹈联系较为密切的百戏也在秦汉时代诞生。秦始皇统一天下后，即将

临沂汉墓帛画《角抵图》

角抵引入宫廷。至汉武帝时，角抵大兴。元封三年（前108），好大喜功的汉武帝为炫耀帝国的富庶和强盛，在长安设"酒池肉林"，"作角抵戏，三百里来观"。到东汉时，以角抵为代表的百戏开始形成不同门类，出现了带有杂技性质的惊险动作，以及幻术、俳优戏、驯兽、象人戏等。

秦汉时代，既为百戏又为舞蹈者莫过于鱼龙曼舞。鱼龙曼舞，至隋唐时代仍然盛行。历史上暴君隋炀帝便酷爱此戏。每当重大节日或宴请群臣及外来贵宾，鱼龙曼舞即成为必不可少的表演节目。如大业五年（609），隋炀帝在风行殿"设鱼龙曼延，宴高昌王、吐屯于殿上，以宠异之。其蛮夷陪列者

山东沂南北寨汉墓出土画像石《鱼龙曼舞图》

汉代　歌舞俑

三十余国"。在唐代，宫廷举行鱼龙曼舞甚至成为定制："三二岁，必于春时，内殿赐宴，宰辅及百官，备太常诸乐，设鱼龙曼衍之戏，连三日，抵暮方罢。"

当然，秦汉时代，音乐与舞蹈仍然融为一体。在《乐府诗集》中，那些乐府诗往往既被称为歌又被称为舞。如《宋书·乐志》即说："高皇帝配食，乐奏《青阳》《朱明》《西皓》《玄冥》《云翘》《育命》之舞。"《晋书·乐志》则有"鼙舞歌诗五篇"，"拂舞歌诗五篇"记载。《古今乐录》说："《石城乐》，旧舞十六人"，《莫愁乐》《估客乐》《襄阳乐》《三州乐》等皆"旧舞十六人，梁八人"。这说明，歌唱时配以音乐和舞蹈在于强化艺术效果之美。由此可见，"舞，动其容也"，即舞蹈是以形体语言来表达美的艺术观念古已有之。

可能，正是两汉时代乐舞所呈现出来雅俗参半、歌与舞融为一体的原因，才使歌舞成为某些人生活中一个不可缺少的一部分。杨恽是一个曾为过官的文人，后来获罪回归家园。失意之中，他以歌舞为安慰，聊以度日。他向朋友表白自己的生活和心迹说："臣之得罪，已三年矣。田家作苦，岁时伏腊，烹羊炮羔，斗酒自劳。家本秦也，能为秦声。妇赵女也，雅善鼓瑟。奴婢歌者数人，酒后耳热，仰天拊缶而呼乌乌。其诗曰：'田彼南山，芜秽不治。种豆一顷，落而为萁。人生行乐耳，须富贵何时。'是日也，拂衣而喜，奋袖低昂，顿足起舞，诚淫荒无度，不知其不可也。"失意之际，便以歌舞来安慰那麻木不安的灵魂，这不仅说明歌舞所拥有的永恒魅力，而且说明魏晋期间文人以乐舞来宣泄放荡不羁的潇洒，在两汉乐舞民俗化的滥觞中便已发轫了。

魏晋南北朝时期，虽然，雅舞仍沿着秦汉开辟在这条道路发展下去，但是，时代的多艰又为雅舞打上独特的烙印。魏晋之时，动荡的岁月使雅舞很难有所建树。曹魏时，才有杜夔探讨雅乐之举。太和年间，才出现了"其名虽存，而声实异"雅乐。自此之后，直至隋统一天下，宫廷中所表演的雅舞，不过依据民间俗舞随时制作而已，已完全没有三代之时雅舞的痕迹，全然是俗舞的一种翻版和再造。南北朝时，最高统治者酷爱歌舞，尤其对民间俗舞俚曲甚感兴趣，从而使俗舞成为宫廷舞蹈的主要来源。《乐府》所载《乌夜啼》《石城乐》《莫愁乐》等无不来自民间。《古今乐》云："《石城乐》旧舞十六人"；"《莫愁乐》亦云《蛮乐》，旧舞十六人，梁八人"。此外，《估客乐》《襄阳乐》《三洲乐》等乐舞也都是由江南民间乐舞而登大雅之堂的。《古今乐》谓："齐舞十六人，梁八人。"

大量宫廷雅舞来自民间俗舞的结果，导致宫廷乐舞日趋轻薄柔丽的同时，也促进了乐舞的发展。陈后主"尤重声乐，遣宫女习北方箫鼓，谓之《伐北》，酒酣则奏之。又于清乐中造《黄鹂留》及《玉树后庭花》《金钗两臂垂》等曲，与幸臣等制其歌词，绮艳相高，极于轻薄，男女唱和，其声甚哀"。雅乐受到冷落，俗乐则大行其道。在享乐与求奇猎艳心理的支配下，统治者将"郑卫之声、燕赵之舞"的俗乐大量纳入宫廷歌舞，从而导致宫廷舞蹈深度俗化局面的出现。

北朝弹琵琶女陶俑

魏晋南北朝时期宫廷乐舞俗化的一个重要标志，便是大量汲取异质乐舞的精华，涌现出众多新颖的舞蹈，充分显示了民族文化融合的丰硕成果。南朝宋时，"光武平陇蜀，增广郊祀。高皇帝配食，乐奏《青阳》《朱明》《西皓》《玄冥》《云翘》《育命》之舞，迎时气，五郊之兆"。隋代宫廷定型的九部乐，大多为魏晋南北朝期间汲取边地少数民族的乐舞。如对后世影响甚大的《西凉乐》，"起苻氏之末，吕光、沮渠蒙逊等据有凉州，变龟兹声为之，号为秦汉伎。魏太武既平河西得之，谓之《西凉乐》"。

《龟兹乐》在西凉时已传入内地,到北齐、北周时即成为一种重要乐舞。这些西域乐舞给人耳目一新的感觉,逐渐取代昔日雅舞的主导地位而成为宫廷乐舞的主要内容。从此,宫廷雅舞的性质发生了根本性变革。

西凉《伎乐图》

第三节

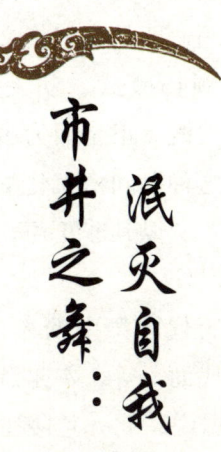

市井之舞：泯灭自我

唐代，是中国城市商品经济高度发达的时代。支撑唐代城市商品经济大潮的，是已经成为一股不可忽视力量的市民阶层。市井之民的出现并成为一种左右城市文化发展的阶层，促使大众化舞蹈艺术的诞生并得到迅速发展，终于成为一种广场性舞蹈艺术而在中国舞蹈史中占有极为重要的地位。

市井之民是一个由多种群体组成的一个阶层，既有商人、手工业者、艺人，也有城市服务于城市各阶层的贫民以至妓女等，还包括那些流入城市但没有生活来源不得不依靠各种非法手段谋生的狐跳鼠钻之徒。

自古以来，中国的舞蹈即是一种与歌与乐结合在一起的艺术形式，从而使人难以分辨古代某些演唱与表演艺术到底是歌是乐，还是舞。这种状况在元杂剧产生之前，似乎更为明显。因此，那些寓歌寓乐寓舞蹈寓杂技于一起的艺术形式，在成为中国古代舞蹈不可忽视的载体的同时，也使俗舞为适应市井之民这个特殊阶层的口味而在方式和性质上发生了某些变异。

唐代盛行的歌舞戏，既是包含舞蹈的一种艺术形式，也是中国戏剧滥觞之所。这种既歌又舞式的俗民艺术，即带有迎合市井之民口味的特点。唐代歌舞戏主要有《大面》《拨头》《踏摇娘》等，便是一种包含故事情节

唐代　彩色舞俑

的表演性舞蹈，故事情节所体现的主题，即是民间俗文化中所包含的颂扬威武、劝人为善等内涵。大概，正是因为唐歌舞戏中带有这种民间俗文化的味道，唐玄宗才"以其非正声，置教坊于禁中以处之"。

唐代歌舞中的《大面》，又称《代面》等，本是源于北齐时盛行的一种歌舞戏，又称《兰陵王入阵典》。据说，北齐兰陵王高长恭勇武而貌美，自认为难以威慑敌人，于是戴上相貌异常狰狞的假面具作战，"尝击周师金墉城下，勇冠三军，齐人壮之，为此舞以效其指麾击刺之容，谓之《兰陵王入阵典》"。此类《大面》歌舞戏拥有以歌舞来颂扬不畏强暴，英勇善战的主题，成为后世戏剧脸谱及武生动作之滥觞。

《拨头》，又名《钵头》《拔头》，据说，是来自西域的一种歌舞戏。情节一说为某人之父为虎所食，其与虎搏斗；另一说某胡人被猛兽吞食，其子与猛兽搏斗。唐代艺人表演此戏时，头戴假面具，披发持短桴做人兽搏斗状。显然，这种被称为《拨头》的歌舞，是在寓教于乐中讴歌"以孝为本"，勇于同邪恶势力搏斗这样一个主题。因此，诗人张祜才为弄钵头的容儿写过一首诗：

争走金车叱鞅牛，笑声唯是说千秋。
两边角子羊门里，犹学容儿弄钵头。

《踏摇娘》，又称《踏谣》《谈容娘》等，据说是隋末的一种歌舞戏。相传，河内地区一男子不仅相貌丑陋异常，且嗜酒如命，"醉归必殴其妻。其妻美色善歌，为怨苦之辞。河朔演其曲而被之弦管，因写其妻之容。妻悲诉，每摇顿其身，故号《踏摇娘》"。"近代优人改其制度，非旧旨也。"《踏摇娘》演出时，每唱一小段，众人齐合，具有强烈的艺术效果。舞蹈动作为丈夫追打妻子状，所反映的主题则在于讽刺邪恶丈夫、同情贤惠妻子。为此，唐人常非月作诗《咏谈容娘》，描述广场上演出时的情景说：

举手整花钿，翻身舞锦筵。
马围行处匝，人压看场圆。
歌要齐声和，情教细语传。
不知心大小，容得许多怜。

显然，唐代所盛行的此类带有一定人物和故事情节的歌舞戏，以一种全新的艺术形式来讴歌正义，鞭挞不屑而受到人们的赏识，但是，这类歌舞戏正是因为本身所带有的故事情节的鲜明个性而决定了其发展方向，从而使其不仅充当起后世戏曲艺术滥觞的角色，也预示着古代乐舞中的舞蹈将为戏剧所容纳，最终必将湮没自我的一种轨迹。在这方面，武昌所出土的唐击鼓俑即带有这种韵味。

武昌唐墓出土击鼓俑

不过，市井之中所盛行的唐代舞蹈，终于在俗化自我之中迈出大众化、广场化的一步。市井之舞的一个重要特点，便是民间集体性舞蹈的涌现。如被称为"踏歌"的舞蹈，即是一种自娱性广场舞蹈形式。踏歌，并不是某一舞蹈的专称，而是对以脚踏地为节，边跳边唱，随心所欲，载歌载舞的群众性自娱歌舞的通称。踏歌这种舞蹈既可以一人即兴而舞，又可以众人欢腾，群起而舞。这种自娱性舞蹈，歌调单纯，舞步简单，发挥自然，节奏鲜明。众多人参与踏歌，能产生一种撼动天地的效果，不仅能够使人充分体会到参与其间的愉悦，而且能够表达一种社会性集体意向，因而成为唐代节日中盛行的一种大众化舞蹈。诗人张祜在《正月十五夜灯》一诗中写道："三百内人连袖舞，一时天上著词声。"顾况在《听山鹧鸪》诗中说道："夜宿桃花村，踏歌接天晓。"由此可见，"踏歌"是唐代盛行于民间的一种集体舞蹈，是人们相聚在一起，彻夜歌舞，尽情狂欢的一种歌舞形式。

唐　歌舞群俑

唐盛行《西域歌舞图》

在唐代市井之中所兴起的大众性、广场性舞蹈，最引人注目的当为由艺人所表演的艺术水平极高的舞蹈。这类舞蹈既充分体现了民间舞蹈所带有的清新神韵，又表现出市井舞蹈为适应市井之民口味而泯灭自我的发展趋势。试想，《踏摇娘》这个较为典型的唐代广场性歌舞戏，如果不改造舞蹈自身的某些特点以尽量迎合市井民众的喜怒哀乐，无论如何也是不能取得"马围行处匝，人压看场圆"那种强烈艺术效果的。同样，唐代各个城市所流行的百戏，无不呈现为一种观者如潮、喝彩如涛的场面，也当是百戏迎合市井之民心理需求的一种结局。因此，包括舞蹈在内的百戏，虽然自唐代开始盛行于市井之间，受到各种人物的喜爱，但这类百戏说到家也不过是一种平民艺术而已。只是，由于市井之民成为歌舞的欣赏者，才使市井百戏不仅"透露出唐代城市生活热烈、富有朝气和活力的一面"，而且使歌舞"走出了皇宫内院"，成为城市文化的重要组成部分。就从这种意义上说，我们才将唐代市井歌舞的盛行定性为"城市生活进步的表现"。

平民艺术终究带有朴素与单纯的特点，给予观众的是一种趣味性心理欣赏，而不是一种真理性心灵震撼。因此，市井之民观看歌舞，所抱有的是一种挑剔性欣赏心态，而不是一种神圣性真理启迪，所记住的是名角的姓什名谁、音容笑貌、身段舞技，而不是歌舞自身的名字、曲调和内容。

这是中国舞蹈艺术同西方舞蹈艺术的根本区别所在。西方舞蹈艺术是以表现作曲家的意图为根本出发点的，演员表演与伴奏音乐仅仅在于表达作者的意图而已。但是，中国舞蹈艺术则不然。中国古代舞蹈艺术侧重于表达观众的喜怒哀乐，演员意图必须以观众的情感为转移，否则，演出即没有观众，表演艺人就没有饭吃。

在封建时代的宫廷乐舞中，表演艺人的形神之美要受统治者的意图所规范，从而使宫廷舞蹈只能成为一种歌功颂德的艺术，舞蹈艺人的灵魂也被阉割了。唐高宗及武后时所创《圣寿乐》，运用舞蹈队形及姿态的变化，摆出"圣超千古，道泰百王，皇帝万岁，寶祚弥昌"16个字，编导思想虽然独具匠心，但舞蹈灵魂却落入阿谀帝王的窠臼。不过，《圣寿乐》的舞姿还是令人为之叫绝的。《开元字舞赋》描述此舞的场面说：舞者穿着轻柔罗衣随风摆动，队形变换流畅自然；舞队徐徐移动，像鸟儿舒展双翼；舞伎如花似玉，端庄秀美，神采奕奕。伴随鼓乐起舞，轻盈旋转，如鸾鹤，似惊鸿；衣裙颜色变幻无常，初为朱紫，瞬间变成红绿；一字组成，稍稍停顿；队形变换之中，"圣超千古，道泰百王，皇帝万岁，寶祚弥昌"等16个字相继呈现，令人惊叹不已。由此看来，如此之舞美则美矣，但以帝王将相喜好为转移的舞美之灵魂却被扭曲、被践踏了。这如同各种《宴饮图》所散发的韵味一样，佳肴美酒，弦琴歌舞，赏心是有余了，悦口也有余了，但到底是歌舞蚕食了美酒佳肴的醇香呢，还是美味遮盖了婀娜舞姿的神韵呢？

西安唐韦氏家族墓壁画《宴饮图》

即使民间艺人功成名就与否，同样要由观众来裁判。唐代著名民间舞蹈艺术家公孙大娘，之所以能够流传于后世，其因即在于著名艺人成为文人所吹捧的对象。孙大娘为开元年间的著名女舞蹈艺人。她原本为市井卖艺者，后来才因其舞蹈技艺精湛而被召入宫廷教坊。在当时教坊与梨园之中，能跳剑舞者唯公孙大娘一人而已。因此，《明皇杂录》才说："时有公孙大娘者，善舞剑，能为《邻里曲》及《裴将军满堂势》《西河剑器浑脱》，遗妍妙，皆绝冠于时也。"著名诗人杜甫幼年时在河南郾城曾目睹过公孙大娘表演的《西河剑器浑脱》，认为她的舞姿淋漓顿挫，超出同辈。多年之后，杜甫于夔州又欣赏过公孙大娘的弟子李十二娘的剑舞，光彩蔚然，举足凌厉，显然是深得公孙大娘真传。为此，杜甫还写了首名为《观公孙大娘弟子舞剑器行》的诗："昔有佳人公孙氏，一舞剑器动四方。观者如山色沮丧，天地为之久低昂。㸌如羿射九日落，矫如群帝骖龙翔。来如雷霆收震怒，罢如江海凝清光。绛唇珠袖两寂寞，晚有弟子传芬芳。临颍美人在白帝，妙舞此曲神扬扬。与余问答既有以，感时抚事增惋伤。先帝侍女八千人，公孙剑器初第一。五十年间似反掌，风尘澒洞昏王室。梨园弟子散如烟，女乐馀姿映寒日。金粟堆南木已拱，瞿唐石城草萧瑟。玳筵急管曲复终，

唐　陶舞俑

乐极哀来月东出。老夫不知其所往，足茧荒山转愁疾。"相传，唐代著名书法家张旭和怀素观看公孙大娘的《剑舞》之后受到启发，草书才大有长进。不过，杜甫所留下赞颂公孙大娘的诗句，如同后世剧院中那一通杂乱的叫好声一样，性质应属于"捧角儿"者的呐喊，是当今仍然存在的观众以种种方式向表演者表示好恶的滥觞！

尽管市井舞蹈在兴起之际即存在表演者为迎合观众的口味而做作的现象，但是，兴起于民间的市井舞蹈，终究与宫廷所谓的雅舞带有极大的不同，能够以舞姿优美、气势清新的面貌出现在世人的目前，给人耳目一新的感受。因此，当宫廷雅舞走向衰落之际，俗舞则在市井之中大行其道，成为一种清新而活泼的民间艺术，风靡唐代市井之间，表现出一种极强的生命力。

按照舞蹈风格划分，唐代市井舞蹈可分健舞、软舞两大类。健舞节奏明快，动作矫捷雄健，富有阳刚之美。软舞节奏缓慢，动作细腻飘逸，洋溢阴柔之气。这两种舞蹈仅是市井舞蹈的一种泛称，节目并不固定，而是不断推陈出新，所包括的节目带有不断变更与发展的特点。"开元中，又

有《凉州》《绿腰》《苏合香》《屈柘枝》《团乱旋》《甘州》《回波乐》《兰陵王》《春莺啭》《半社渠》《借席》《乌夜啼》之属，谓之软舞。《大祁》《阿连》《剑器》《胡旋》《胡腾》《阿辽》《柘枝》《黄獐》《拂菻》《大渭州》《达磨支》之属，谓之健舞。"

软舞以轻盈柔美，婀娜多姿而著称。其中，影响较大的当为《绿腰》和《春莺啭》等。《绿腰》，又名《六幺》《录要》《乐世》。李群玉作《长沙九日登东楼观舞》诗，描述《绿腰》一舞说道："南国有佳人，轻盈绿腰舞。华筵九秋暮，飞袂

唐　陶舞俑

拂云雨。翩如兰苕翠，婉如游龙举。越艳罢前溪，吴姬停白纻。慢态不能穷，繁姿曲向终。低回莲破浪，凌乱雪萦风。坠珥时流盼，修裾欲溯空。唯愁捉不住，飞去逐惊鸿。"可见，这是一个女子独舞。舞者穿着长袖舞衣，舞姿轻盈柔美。初舞之时，动作徐缓流畅，如雪萦风，似莲破浪；后来，节奏逐渐加快，舞蹈将要结束时，动作急促迅疾，如雪花飞舞，拖地长裙也随风飘舞起来，好似乘风飞去，要去追逐惊飞的鸿雁一般。

唐代另一个著名舞蹈《霓裳羽衣》，也应属于软舞性质。《霓裳羽衣》为唐代舞蹈的代表作之一，成功地塑造了仙女美的形象，创造神仙的意境，给人以美的艺术享受。舞者上身披羽毛，下身着霓裳，典雅美丽，宛如天仙。舞蹈动作既采用了传统舞姿"小垂手"，又糅进了西域舞蹈的旋转动作，刚柔相济，急缓相参，极尽美妙神韵。对此，白居易说："飘然旋转回雪轻，嫣然纵送游龙惊。小垂手后柳无力，斜曳裾时云欲生。"《霓裳羽衣》既有单人舞，又有双人舞、多人舞，不愧为我国古代舞蹈史中的一颗璀璨明珠。因此，《霓裳羽衣》既可作为盛唐繁荣的写照，又可成为晚唐统治者腐败的象征。

健舞以快速敏捷旋转动作为主，宣泄的是一种震撼人心的阳刚之美。如《胡旋》《阿辽》《胡腾》和《拓枝》等，皆能给人以矫健雄壮之

感。其中的《胡旋》,以快速、轻盈的旋转动作为主。元稹的《胡旋女》诗描述《胡旋》的舞姿说:"胡旋之容我能传:蓬断霜根羊角疾,竿载朱盘火轮炫。骊珠迸珥逐飞星,虹晕轻巾挚流电。"天宝年间,《胡旋》风靡一时,达到令人如痴如醉的地步。当时,安史之乱的罪魁祸首安禄山,以及最受唐玄宗宠爱的杨贵妃,能够将《胡旋》跳得令人眼花缭乱。因此,白居易在《胡旋女》诗中说道:"胡旋女,胡旋女,心应弦,手应鼓。弦鼓一声双袖举,回雪飘舞转蓬舞。左旋右转不知疲,千匝万周无已时。""中有太真外禄山,二人最道能胡旋。""禄山胡旋迷君眼,兵过黄河疑未反。贵妃胡旋惑君心,死弃马嵬念更深。"一个《胡旋》,竟被诗人认为是惑君误国,导致唐王朝由盛而衰的契机所在,这难免有失公允。

健舞中的《剑舞》和《黄獐》等舞,应与传统"武舞"有关,所体现的是一种剽悍、雄健之美。剑舞,在春秋战国之际便成为侠客武士所崇尚之舞蹈。楚汉之争期间,"项庄舞剑"的故事便是这种舞蹈性质的一种反映。进入唐代后,剑舞经过民间著名艺人公孙大娘的加工和创造,舞姿更加雄健,动作更加完美,艺术感染力更加强烈,成为健舞中的佼佼者。舞者为女艺人。这些女子身着戎装,手握宝剑,翩翩起舞之时,不仅将体现剽悍雄健之气的剑术纳入舞蹈,而且将女性所特有的柔弱妩媚之态纳入舞蹈之列,使剽悍与柔弱相济,雄健与妩媚相生,将刚烈与温柔天衣无缝的糅合,在给市井之民以艺术享受的同时,也多少体现出表演者为招徕观众而极尽迎合的态势,反映的是市井之舞所带有的商业气息。

市井之舞所带有的商业气息,促使舞蹈不得不以观众的品位为转移,从而使中国古代舞蹈逐渐与戏剧结合在一起,成为戏剧的附庸而淡化了自

洛阳出土唐女舞陶俑

己。自唐而后，舞蹈艺术便渐渐消沉下去而成为一种陪衬。如宋代，宫廷之中虽有"队舞"和"舞队"两支舞蹈队，但所表演的舞蹈大都为集体性舞蹈，且舞蹈节目大都为唐代已有的舞蹈。即使宋代所独创舞蹈节目，也带有更为浓厚的戏剧特点。如队舞演出时，由被称为"竹竿子"者向观众介绍节目内容，由被称为"勾队"者引导舞蹈队出场与谢幕等，所演出的舞蹈节目如《勾南吕薄媚舞》《勾降黄龙舞》与《五羊仙舞》等，也都带有浓厚的故事情节。宋代舞蹈追求情节化的最终结果，不仅必然将本应是肢体语言艺术的舞蹈引向歧途，而且使舞蹈自身变得呆板和僵化了起来。

这无疑是中国舞蹈艺术的莫大悲哀！

不过，宋代民间"舞队"的活动似乎还呈现出一种新的较为活泼的特色。自宋代开始，民间舞队主要依靠村社组织，

江西鄱阳于成墓出土宋永定五年瓷舞俑

大都在节日中举行，因而发展成为一种被俗称为"社火"的艺术。孟元老说，六月二十四日灌口二郎神生日，在二郎庙内，"其社火呈于露台之上"。范成大说："民间鼓乐谓之社火，不可悉记，大抵以滑稽取笑。"显然，所表演的节目不仅都带有业余性质，而且都带有娱神和娱人双重性质。虽然，宋代这类舞队节目并不少，仅《武林旧事》卷二《舞队》所载即达70余种，但这些舞蹈仍然带有的娱神与娱人特征，显示这类舞队还带有歌舞由娱神向娱人过渡的痕迹。

只是，宋代民间所表演的舞蹈更加侧重于娱乐而已。这类舞队大都在节日期间举行，有些节目且带有故事情节。仅吴自牧的《梦粱录》所记，元宵期间即有清音遏云、掉刀鲍老、胡女、刘衮、乔三教、乔迎酒、乔亲事、焦槌架儿、仕女杵歌、诸国朝、竹马儿、村田乐、神鬼、十斋郎、乔

宋代 浮雕舞蹈人物陶砖

宅眷、旱龙船、舞鲍老等数十种。如"旱龙船"系模仿水中划船的节目;"村田乐"表现的农业劳动的愉快;"舞鲍老"则是一种滑稽性舞队。如此娱乐性舞蹈,至今还以扭秧歌、跑旱船等形式保留在民间。

到元代,杂剧已走向成熟,舞蹈更加式微。朝廷中虽设有教坊这种歌舞管理机构,但培养的舞女仅用于朝会、祭祀等重要活动时的演出。皇帝每年到上都时,"千官至御天门俱下马徒行,独至尊骑马直入。前有教坊舞女引导,且歌且舞,舞出天下太平字样,至玉阶乃止";"每宴,教坊美女必花冠锦绣,以备供奉"。这里所说的"供奉",指的即是为皇帝表演歌舞。

明代以后,程朱理学盛行,中国古代舞蹈所依托的儒家的抒情论倾向被程朱理学窒息,舞蹈包含的情之所至,手之舞之,足之蹈之的情愫被扼杀,中国古代经典舞蹈进入了销声匿迹的岁月。

经典舞蹈的命运如此,民间舞蹈的命运也好不到哪里去。宋代以后,民间舞蹈一再被禁止,致使女角大多改由男子扮演。这无疑是一种大煞风景、釜底抽薪的灾难。

不过,某些民间舞蹈,在明清时代还被保留下来。同南宋《村田乐》一脉相承的《秧歌》,仍在农村大行其道。只是,南北方秧歌特点各异。北方《秧歌》虽名之为歌,实际上是一种重舞不重歌的集体性舞蹈,仅是在舞的行进中,不时穿插诸如渔樵问答、小二哥打岔、傻柱子插诨、客大爷调情、小老妈开嗙等说唱性表演。如山东胶州一带的秧歌又被称为"跑秧歌""扭断腰""三道弯"等,既带有泼辣粗犷的风格,又带有婀娜多姿的特点。据说,这种秧歌由胶州马、赵两家在乾隆年间去东北逃荒时沿路乞讨所创,表演者有十几个人,参与扭秧歌的"小曼"(小姑娘)脚步轻快,动作灵巧活泼,"扇女"(青年女子)手持扇子而舞,体态温柔，动作婀娜多姿，"棒槌"（青年男子）手持木棍而舞，动作粗犷有力，"翠花"（老年女子）头插花朵，动作开朗大方，"鼓子"（老年男子）身背花鼓，动作诙谐可爱。南方《秧歌》主要为唱，是一种名副其实的歌。因此，清初屈大均在《广东新语》中说："农者每春时，妇子以数十计，往田插秧，一老挝大鼓，鼓声一通，群歌竞作，弥日不绝，是曰秧歌。"

陕北秧歌

盛世花鼓

明清期间各地流行的《花鼓舞》也异军突起，成为民间舞蹈的主流。甚至，产生了诸如《凤阳花鼓》《山东花鼓》和《陕西花鼓》等较为流行的民间舞蹈。

可以说，元明清时期，除了那些较为落后的地区尚还存在带有古朴原始风味的舞蹈之外，通都大邑已很难见到类似唐代公孙大娘那样令人难以忘怀的民间舞蹈家的表演了。如宣和初年，来开封定居的"辽人"常跳"臻蓬蓬"舞，"人无不喜闻其声而效之者"；女真歌舞，"舞者六七十人，但如常服，出手袖外，回旋曲折"。即使宋代仍在流行的《踏歌》，也是在边远地区少数民族盛行的舞蹈。《踏歌》各地称法不一，功能似乎也不尽一致。

清朝·喻兰 仕女清娱图册（舞剑）

《踏歌》为汉人所称，瑶族称《踏歌》为《踏摇》，大理称为《打歌》，渤海称为《踏锤》。至于其功用，吐蕃、磨些蛮以此为乐；五溪蛮以此送葬；瑶族、苗族以此为未婚青年择偶提供机会。

不过，作为禳灾避难、祈福求祥类的舞蹈，以及娱乐色彩极为浓厚的舞蹈在民间仍然流行。如宋代，范成大在《上元纪吴中节物俳谐体三十二韵》诗中说："轻薄行歌过，颠狂社舞成。村田蓑笠野，街市管弦清。"当时，记载的民间"舞队"即有70余种，大都是一边欢庆，一边表演的舞蹈，属于"社火"性质的广场性艺术。其中，有模仿水中划船的"旱龙船"舞，有讽刺卖官鬻爵腐败现象的"十斋郎"，有表现农村愉快劳动的"村田乐"，有滑稽逗乐的"鲍老"等。陈师道《后山诗话》载杨亿《傀儡》诗，描述滑稽舞"鲍老"云：

鲍老当筵笑郭郎，笑他舞袖太郎当。

若教鲍老当筵舞，转更郎当舞袖长。

唐代以后，民间舞蹈影响最大者，当为至今仍在流行的舞龙与舞狮。

龙是中国人想象中的神物。舞龙是以人排成长队，模拟龙的形态舞动行进的一种舞蹈性活动。舞龙出现很早，起码在春秋时代即已成为人们求雨和祭祀的活动。因此，《论语·先进》谓："暮春者，春服既成，冠者五六人，童子六七人，浴乎沂，风乎舞雩，咏而归。"后来，随着元宵节赏灯风俗的出现，舞龙逐渐成为被称为"耍龙灯"的活动，从而增加了舞龙的娱乐色彩。现在，舞龙仍是我国一种盛行的群众性活动，多见于庆典场合和节日期间。

狮子为本产于非洲的动物，丝绸之路畅通后，大月氏、安息（古波斯）等国派遣使者向汉王朝献狮子等异兽。从此之后，狮子的形象便引起人们的极大兴趣，不仅在石刻与舞蹈中多见，而且民间认为，狮子为威武祥瑞、驱凶辟邪的象征。狮子舞最迟在三国时代即已出现。《后汉书·礼乐志》记载，汉乐府有"常从象人四人"，三国人孟康注释说："象人，若今戏虾鱼狮子者也。"自此之后，随着佛教的流行，舞狮活动即成为民间一项重要的辟邪与娱乐活动而盛行不衰。

在唐代之前，无论是舞狮以辟邪，还是将舞狮作为百戏的一个组成部分，都是一种动作极为简单的表演。唐代是舞狮成为一种独立性舞蹈活动的时代。在此期间，不仅服饰化装力求形似，各种舞蹈语言也都力求模拟和刻画狮子的神态，动作力求复杂。唐代《立部伎》中的《太平乐》也叫《五方狮子舞》，由五人扮成不同颜色的狮子，另有两人扮成"昆仑象"（即黑色象人）牵绳

陶舞狮俑

以逗狮，以140人庞大乐队为之伴唱。白居易有首《西凉伎》，生动地描写了狮子舞的场面，所述与今日舞狮差不多："假面胡人假面狮，刻木为头丝作尾，金镀眼睛银帖齿，奋迅毛衣摆双耳。如从流沙来万里，紫髯深目两胡儿，鼓舞跳梁前致辞。"

唐代，狮子舞在民间已盛行。只是，民间舞狮是不准以黄色服饰装扮的。这是因为，唐代礼制规定，黄色只能作为皇帝专有，黄狮子也只能为皇帝表演。据说，唐代著名诗人、画家王维即是因此而被贬官的。王维曾任太乐丞，伶人为他舞过黄狮子而遭弹劾。

唐代以后，"舞狮"一直盛行不衰，根本原因即在于舞狮已成为中国人寄托情怀、驱凶辟邪、期盼吉祥的一种活动。清代《北京走会图》中所

清朝·婴戏图册，舞狮图

画狮子舞，一个大狮由二人扮演，三个小狮各由一人扮演，另有二人手执"拂子"引逗狮子，完全与今日所见舞狮相同。至今，舞狮仍然盛行于我国各地。尽管不同地区的舞狮各有千秋，动作与风格五彩缤纷，但无一不是模仿狮子的动作，或翘首仰视，或俯首回顾，或低眸匍匐，或摇头摆尾，或翻滚跳跃，或舔毛，或挠耳，或搔头，或踢脚，或朝拜，或作揖，千姿百态，妙趣横生，祥瑞安泰，令人振奋。

第二章

讲唱与戏曲

第一节 曲子词、缠令、唱赚与诸宫调

唐为诗的时代,固然,诗也可以谱曲以歌唱,但市井艺人以诗为歌,终受固定之曲的束缚。曲子词与诗则不同,每词必有一曲与之相配,艺人演唱,只要"依声""填词"即可。因此,诗逐渐与曲分离,成为"徒诗",而词却大行其道,在很长一段时间内与曲密不可分,故最初的词被称为"曲子词"。

"曲子词"是市井艺人为谋生而创立的一种俗乐。这种词所依据的音乐主要是盛行于唐代的"燕乐"。"燕乐"是以西域和北方少数民族音乐为主的一种音乐,其中包

唐代 浮雕

含了丰富的外来文化成分。

曲子为兴起于民间的歌曲艺术，见于敦煌的唐代"曲子"即有600多首，内容异常广泛，涉及城市平民阶层生活的各个方面。

进入宋代之后，曲子词向两个方向演变，一是经文人一系列排俗之后而成为词这种文学题材，二是经市井艺人加工之后而成为"缠令"和"唱赚"这两种表演艺术。

缠令和唱赚是词体文学向戏曲文学嬗变过程中起到"引接"作用的两种过渡形式。缠令先于唱赚而出，虽为音乐史、词史和戏曲史研究者重视，但因保留至今者较少而难以对其性质、内容和演唱形式等予以准确诠释。

关于缠令与唱赚之间的关系，南宋耐得翁云：

唱赚，在京城日，有缠令、缠达：有引子、尾声为缠令；引子后只以两腔互迎，循环间用者，为缠达。中兴后，张五牛大夫因听动鼓板中，又有四片太平令，或赚鼓板，遂撰为赚。

可见，缠达是缠令的特殊表演形式，而唱赚则是缠达更为高级的表演形式。

现在，单独保存的缠令已不可见，但在诸宫调和金元散曲中还有保存。无名氏的《刘知远诸宫调》残本中保存有缠令3套，董解元的《西厢记诸宫调》中保存有43套（包括"间花"和未注明为缠令的套曲）。《刘知远诸宫调》中的缠令组合为：

［正宫］应天长缠令→甘草子→尾

［仙吕调］恋香衾缠令→整花冠→绣裙儿→尾

董解元《西厢记诸宫调》中的缠令组合为：

［正宫］虞美人缠→应天长→万金台→尾

［越调］上西平缠令→斗鹌鹑→青山口→雪里梅→尾

这表明，缠令是由"引子"和"尾"、中间用同一宫调的若干支曲子组合而成一个套曲，其结构与元杂剧中的曲辞和散曲大致相同。

作为缠令特殊形式的缠达，有关作品今已不见，但在诸宫调中还保留其痕迹。在《刘知远诸宫调》中有一套，其构成如下：

［中吕调］安公子缠令→柳青娘→酥枣儿→柳青娘→尾

在董解元《西厢记诸宫调》中保存有两套：

［仙吕调］六幺实催→六幺遍→哈哈令→瑞莲儿→哈哈令→尾

［黄钟宫］间花啄木儿第一→整乾坤→第二→双声叠韵→第三→刮地风→第四→柳叶儿→第五→赛儿令→第六→神杖儿→第七→四门子→第八→尾

普救寺崔莺莺听琴雕塑

从第一两例可以看出，吴自牧的《梦粱录》所说"引子后只以两腔互迎，循环间用"的缠达，即是一调不变，另一调可更换，循环相间使用的套曲。第二例则说明，缠达也可用于大曲之中，"实催"即是大曲的段落名称。第三例则说明，其中的"第一、第二……第七、第八"之前当省略掉"啄木儿"三字，而"间花"当为"循环间用"之意。因此，这种一调不变，另一调可以变换的缠达又被称为"间花"。

事实上，宋代，有的人将缠达称为"传踏""转踏"是不正确的，与转踏（或传踏）是两种截然不同的表演形式。转踏（或传踏）是一种分若干节进行表演的艺术形式，每节一诗一词，唱时伴以舞蹈，开演时有"勾队词"，结尾时有"放队词"，如秦观、毛滂、郑仅、晁无咎等的《调笑转踏》。

后出的唱赚更是缠令的一种变体。对于这种表演艺术的特点，吴自牧说："昭兴年间，有张五牛大夫，因听动鼓板中有《太平令》或赚鼓板，即今拍板大节抑扬处是也，遂撰为'赚'。赚者，误赚之义也，正堪美听中不觉已至尾声，是不宜为片序也。又有覆赚，其中变花前月下之情及铁骑之类。今杭城老成能唱赚者，如窦四官人、离七官人、周竹窗、东西两陈九郎、包都事、香沉二郎、雕花杨一郎、沈妈妈等。凡唱赚最难，兼慢曲、曲破、大曲、嘌唱、耍令、番曲、叫声，接诸家腔谱也。"

由此可见，唱赚是以鼓板为乐器，吸收慢曲、大曲等各种表演技艺优点，没有片序等零碎铺垫，音乐优美，音律多变，能够表演篇幅较大、情节较为曲折的故事的一种艺术形式。

年画中的戏剧演出艺人形象

有关唱赚的作品，著名学者王国维从《事林广记》中钩稽出多篇。在《事林广记》中，王国维没有提到的还有唱赚一套：

［黄钟宫］愿成双令→狮子序→本宫破子→赚→双胜子急→三句儿

类似作品在董解元《西厢记诸宫调》中保存有四套：

［般涉调］哨遍→耍孩儿→太平赚→柘枝令→墙头花→尾

［道宫］凭栏人缠令→赚→美中美→大圣乐→尾

［正宫］梁州令断送→应天长→赚→甘草子→脱布衫→梁州三台→尾

［中吕调］拿公子赚→赚→渠神令→尾

由此可见，从本质上说，唱赚是一种依附于缠令，即缠令之中插入"赚曲"或"赚词"，使缠令的结构和音律富于变化，艺术效果更加强烈的表演形式。这种艺术形式在南宋之所以能够独称一家，不仅在于唱赚"正堪美听中不觉已至尾声"，能"变花前月下之情及铁骑之类"，而且"接诸家腔谱"，确为是集众家之长的一种演唱技艺。

自北宋中叶所出现的诸宫调也是一种采众家之长的演唱技艺。据研究，诸宫调是综合词与话本艺术特长，即在唱词和说白上分别吸收曲子词和话本的艺术特长而形成的一种说

山西侯马金代董氏墓戏台砖雕

唱艺术。这种说唱艺术在金元之际十分流行,成为左右戏曲发展的一种主要艺术形式。

　　正是因为如此,诸宫调一经问世,便以其富丽堂皇、新颖动听的音乐之美和生动细腻、跌宕曲折的故事情节征服了听众,很快便成为一种雅俗共赏的演唱艺术而流行于市井之间。到北宋后期,在瓦肆勾栏之中,诸宫调已能与说白、杂剧等表演艺术分庭抗礼,对台演出。崇宁、大观年间,"孔三传、耍秀才,诸宫调"与李师师等的小唱、李慥等的讲史、王颜喜等的小说、张山人的浑话、吴八儿的合生、霍百丑的商谜同样齐名。

　　南宋时期,诸宫调十分流行。从董解元《西厢记诸宫调》卷一所载宋金期间的诸宫调作品名称《崔韬逢雌虎》《郑子遇狐仙》《井底引银瓶》《双女夺夫》《离魂倩女》《谒浆崔护》《双渐豫章城》《柳毅传书》看,诸宫调的内容确如南宋耐得翁所说:"诸宫调本京师孔三传编撰传奇、灵怪入曲说唱。"

　　现在所能见到的最早的诸宫调作品,当为无名氏的《刘知远诸宫调》。此诸宫调产生于宋金之际,应是诸宫调发展时期的作品。其表演形式为说唱结合,以唱为主。说一般采用当时流行的散体白话,不时掺杂韵文。唱词或为单只词牌,或为"一曲带尾",或为缠令。所配音乐,当为词乐。

开封清明上河园戏台

金代董解元的《西厢记诸宫调》是目前保存最为完整的诸宫调作品，当为诸宫调转型期的产物。董解元《西厢记诸宫调》的最大特点在大量运用了被文人雅士鄙视的"缠令"。张炎即说："簸弄风月，陶写性情，此婉于诗。盖声出莺吭燕舌间，稍近乎情可也，若邻乎郑卫，与缠令何异也。"在董解元的《西厢记诸宫调》中，有缠令达43套。如此饱蘸民间情思的缠令被运用于诸宫调，标志着词向曲迈进了一大步。此外，与《刘知远诸宫调》相比，董解元的《西厢记诸宫调》没

考古出土金代戏剧演出艺人俑

有运用"歇指调"，而是运用的"赚曲"。在用韵上，已改《刘知远诸宫调》词韵与押曲韵的现象而全为押曲韵，显示了诸宫调由词体向曲体转变的轨迹。

　　元代初期中统、至元年间，诸宫调还相当兴盛。在此期间，涌现了大量善唱诸宫调的女艺人。"女氏百伎，惟说唱焉……近世优于此者，李心心、赵真、秦玉莲。"这里的"说唱"，即诸宫调。诸宫调说唱的内容以说唱为主，同时使用琵琶等乐器伴奏的民间艺术。作品名称保留者有《三国志诸宫调》《五代史诸宫调》《七国志诸宫调》等保留至今的《天宝遗事诸宫调》也仅为残卷。《天宝遗事诸宫调》是诸宫调兴盛时期的产物，在曲辞上，抛弃"一曲带尾"形式，全用套曲。在曲调上，抛弃词乐，全用曲牌、曲调。这说明，至元代初年，诸宫调已完成了其"曲化"的改造，变成了曲体诸宫调。以后，因此，胡祗遹的《诸宫调》诗云：

　　　　谈锋滚滚决悬河，嚼徵含宫格调多。
　　　　唱到至元供奉曲，篆烟风细霭春和。
　　　　……
　　　　古人陈迹不须言，圣代文章合剩传。
　　　　留着才情风调曲，缓歌中统至元年。

　　只是，诸宫调在元代仅是昙花一现而已。至元年间以后，元杂剧进入

全盛期,从此,诸宫调开始衰亡。元贞年间(1295—1370)文献,便很少见到有关诸宫调的记载了。不久,人们对于诸宫调这一演唱艺术形式就感到陌生了。生活于元明之际的陶宗仪即说:"稗官废而传奇作,传奇作而戏曲继。金季国初,乐府犹宋词之流,传奇犹宋戏之变,世谓之'杂剧'。金章宗时,董解元所编《西厢记》,世代未远,尚罕有人能解之者,况今杂剧中曲词之冗乎?"

不过,这种在中国演艺舞台上曾经辉煌一时的艺术,对于后世表演艺术的发展却带来不可估量的影响:北曲南戏直接由其发展而来,鼓词、弹词也由其而发轫。或许,从当今戏剧和大鼓等演艺中,我们还能寻找到诸宫调的一点痕迹吧!

第二节 俗讲与说话

俗讲与说话,都是以讲为主,夹杂唱曲来叙述故事的艺术表演形式,曾分别在唐、宋期间繁荣一时。

中国古代的说唱艺术形式,源远流长。其滥觞起码可以追溯到春秋战国时期。《墨子》云:"能谈辩者谈辩,能说书者说书,能从事者从事,然后义事成也。"这里的"能说书者",显然指的是从事说唱演艺活动的艺人。现在能够看到的战国时期所流传下来的讲唱作品,当为《荀子·成相篇》,歌词形式为:

请成相,世之殃,愚暗愚暗堕贤良。人主无贤,如瞽无相何伥伥。

请布基,慎圣人,愚而自专事不治。主忌苟胜,群臣莫谏必遭殃。

对此,苏轼说:"成相者,盖古歌谣之名也。"这里的"相",又叫作"舂牍",是一种用粗竹筒制成的乐器。"成相"即是一种以"相"为伴奏乐器,以唱为主,夹杂说白的技艺。因此,有人说:"它确实是中国讲唱文学的远祖。"湖南长沙出土的战国男木俑,从其形态上看,即带有说唱俑的某些特征。

众多迹象表明,汉代说唱艺术当有一定程度的发展。在考古活动中,不仅发现有手舞足蹈、形态可爱、敲鼓说唱的说唱俑,而且发现有众多被称为"倡优"的俑。这些俑有的带有滑稽调笑、特别强调口手动作的特点。因此,将这类汉俑定名为说唱俑当是正确的。

唐代是说唱技艺勃然兴起的时代。说唱技艺的勃然兴起,既与佛教中国化的完成有关,也与中国城市商品经济发展所引起的市井百戏勃兴有关。为了扩大佛教的影响,吸引更多的善男信女,僧侣利用魏晋南北朝之时在庙会上设置俗乐以招徕观众的形式来扩大自己的影响。正是在佛教这种宣讲形式的影响之下,唐代说唱技艺悄然兴起。

宋代所盛行的说话艺术表演形式,即是由唐代所兴起的寺院僧侣向听众解说佛经故事的通俗文学形式"变文"演变而来的。变文,也称为"经变",有转读、唱导、俗讲等形式。这种佛教界旨在扩大和普及佛教影响而采用的一种既说又唱还有图解的通俗文艺形式出现之后,很快便

唐　说唱陶乐俑

为社会所接纳。及至后来,变文的内容不再具有佛教宣传教义单一性的特征,而是将中国有关历史故事纳入其中,不仅增加了变文的影响力,而且使变文这种表演形式开始向"俗讲"乃至"说话"的方向发展。

据说,有一个叫文叙的僧人,俗讲格外出名。其手段便是:

公为聚众谭说,假托经论,所言无非淫秽鄙亵之事。不逞之徒,转相鼓动煽扶树。愚夫冶妇,乐闻其论,听者填咽寺舍,瞻礼崇拜,呼为和尚教坊,效其声调以为歌曲。

其实,不但"愚夫冶妇"对于俗讲这种表演形式感兴趣,即使身为至尊的皇帝同样也对俗讲喜爱有加。据说,那位叫文叙的僧人,善于俗讲名声之大竟然引起皇帝的注意。唐敬宗即曾"幸兴福寺,观沙门文叙俗讲"。至今,所发现的众多唐代礼佛图,可能与僧人俗讲有很大关系。

唐代俗讲的诞生,与皇帝的支持是分不开的。唐文宗会昌元年(841),"乃敕于左,右街七寺开'俗讲'左街四处,二月十五日罢……九月一日,敕两街诸寺开俗讲……"

僧人俗讲师能以"淫秽鄙亵之事"作为俗讲素材,自然这种表演形式很快即为市井艺人所利用,逐渐形成了一种流传于城市下层社会的以讲唱世俗故事为主的表演形式。在唐代,市井中所出现的变文,如《伍子胥变文》《孟姜女变文》《王昭君变文》《张义潮变文》等,已有较为广泛的影响。这些作品不仅具有浓郁的生活气息,而且歌颂了不畏强暴、勇于反抗的英雄品格,在艺术成就上也具有故事情节曲折、形式活泼、语言生动、想象丰富等特点。

唐代变文经市井艺人进一步挖掘和发展,到宋代即发展成为成熟的说话这种表演艺术形式。

宋代所盛行的说话,在隋代即已萌芽:

西安唐墓出土说书俑

(侯白)在散官,隶属杨素,爱其能剧谈。每上番日,即令谈戏弄。或从旦至晚,始得归。才出省门,即逢素子玄感,乃云:"侯秀才可为玄感说一个好话。"

这里的"说一个好话",其意即是"讲一个好故事"。

至唐,虽已有"说话"之实,但仍无"说话"之名。据说,唐玄宗于安史之乱后回到长安,当上了太上皇,终日无所事事,便靠"讲经、论议、转变",聊以度日。在中唐诗人元稹的《酬翰林白学士代书一百韵》中,也有

五代南唐顾闳中《韩熙载夜宴图》(局部)

"光阴听话移"的诗句,自注即为"又尝于新昌宅说《一枝花话》,自寅至巳,犹未毕词也"。这表明,中唐之时,"说话"这种艺术形式已从市井之间进入宫廷乃至达官贵人的府邸。

说话,顾名思义,当是一种明白如话的表演形式。宋代,这种表演形式不仅内容丰富生动,通俗易懂,而且还以宣扬江湖义气、歌颂民族

正义、鞭挞社会邪恶、伸张民间正气相标榜,自然符合市民的文化生活口味,从而使这种艺术形式大放异彩。

宋代,说话已相当成熟,表演的场所为瓦子、勾栏。"瓦子",也叫"瓦市""瓦肆""瓦舍",是宋代服务性行业和游艺性场所集中之地。勾栏,是用栏杆围起来表演技艺的游乐性场所,也叫"勾棚"。北宋之时,东京汴梁的瓦子极多,最为著名者有桑家瓦子、朱家桥瓦子、新门瓦子、保康门瓦子、州北瓦子、州西瓦子等。孟元老的《东京梦华录》描述桑家瓦子的盛况说:

河南省济源泗涧沟出土的红釉舞乐俑群

街南桑家瓦子,近北则中瓦、次里瓦。其中,大小勾栏五十余座。内中瓦子莲花棚、牡丹棚,里瓦子夜叉棚、象棚最大,可容数千人。自丁先现、王团子、张七圣辈,后来可有人于此作场。瓦中多有货药、卖卦、喝故衣、探搏、饮食、剃剪、纸画、令曲之类。终日居此,不觉抵暮。

类似桑家瓦子那样一个瓦子中即有大小勾栏五十余座,能容数千人前来听说话的瓦子即有六座,可见,北宋时期说话的艺术魅力之大,说话这种艺术形式对于市民生活的影响之深。

宋《瓦子说书图》

定都于杭州的南宋,既拥有桃红柳绿之美,又拥有鱼肥米香之富,还居有长江天险之障,城市生活更为安逸侈靡,因而杭州的瓦子、勾栏较北宋都城汴梁更为兴盛。据说,当时的杭州有瓦子13座,其中,北瓦最大,内有勾栏17个,"常是两座勾栏,专说史书,乔万卷、许贡士、张解元"皆为有名的艺人。最著名者当为小张四郎。他一生中只在北瓦的一座勾栏中演出,从没到其他勾栏中卖过艺,以至于人们将他所在的那座勾栏称为"小张四郎勾栏"。

当然，也有一些说话艺人并不在瓦子勾栏中演出，而是在热闹繁华之所自开场子，即属于时人所称"打野呵"的那种游移性艺人。这些说话人无论是在表演水平上还是在实际收入上，都不可能与在瓦子勾栏中说话艺人相提并论。

那么，说话艺人所宣讲的内容又是什么呢？

大体来说，勾栏中的说话可分为四大类：小说、谈经、讲史与浑话。这在当时被称为"四大家数"。

小说，俗称"银字儿"，所宣讲的内容主要为爱情、鬼怪、传奇、公案和武侠等故事，试图以怪诞神秘、江湖义气和儿女情长来伸张正义，鞭挞邪恶，以招徕听众，扩大影响。南宋之时，善讲此类故事的艺人有谭淡子、翁三郎、王抱义、陈良甫、雍燕、枣儿余二郎等。

谈经，即演说佛经故事，是佛教普及过程中一种通俗化演讲形式。因此，谈经者多为僧侣。在宋代，较为出名的谈经者有宝庵、管庵、喜然等和尚。在谈经中，有的宣讲者以佛教中因果报应理论来阐述一些世俗故事，以达到宣扬佛理的目的。因如此谈经并非完全依据佛教经典，故被称为"浑经"。据说，有个叫戴忻安的和尚善于此道。

讲史，所讲述的内容多根据史书演化而成。宋代讲史大都取自正史，以史实为根底，或增饰细故，或加以虚构，因而既是一种史学活动，又是一种文学活动，是以通俗生动的形式，将历史知识和历史观念普及到民众之中的一种演艺形式。因此，讲史成为颇受宋代市井之人喜爱的一种说话形式。"涂巷中小儿薄劣，其家所厌苦，辄与钱，会聚坐听说古话。"讲史艺人的文化水平一般较高，有的人甚至还曾获得过功名。如咸淳年间的讲史艺人王六大夫，原来曾在宫廷之中专门为皇帝讲史，是一个通晓诸

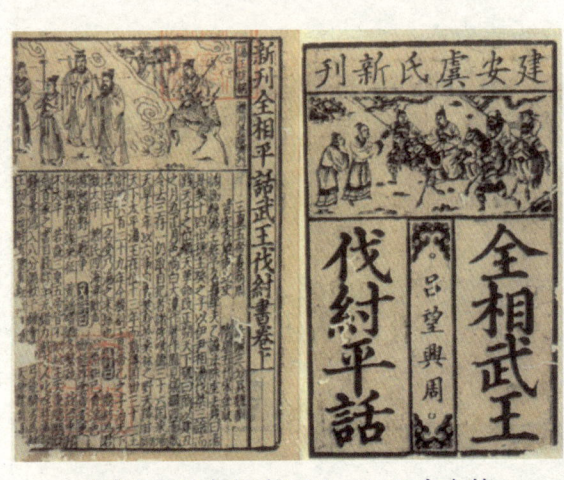

成书于至治年间（1321—1323年）的《全相平话五种》是现存最早的讲史类话本

史,知识渊博,讲说字正腔圆,雅而不俗的艺人。北宋之时,东京汴梁讲史名家有孙宽、孙圭、曾无党、高恕等,又有"霍四究说三分尹则常卖五代"之说,可知霍、尹各以讲三国与五代历史擅长。南宋之时,讲史较有名望者为张解元、许贡士、戴书生、周进士等。元代以后,讲史益渐发达,讲述内容已不取于史事,所用讲本也并非由职业说书人所作,而改由文人创作,从而为明清时期与市井讲唱紧密相关的章回体小说的问世奠定了基础。

浑话,或名"参军",所讲述的内容为讽刺笑话。北宋时,有个叫张山人的说话艺人,便是一个善于说浑话者。他的老家为山东兖州,年轻时即从家乡来到汴梁,在瓦子勾栏中以说浑话为生。在熙宁到崇宁年间(1068—1106),一直操持此业,"以诙谐独步京师"。据说,张山人以作十七字诗而著名,他的诗虽有俚俗之气,但蕴含机智与幽默,长于讽刺挖苦,鞭挞邪恶毫不留情。因此,张山人所到之处,达官贵人唯恐避之不及,总是好酒好肉伺候,给予大把钱财,以免被挖苦羞辱。有一个朝廷大臣死于任上,不久便有一首嘲讽这位大臣的十七字诗风行朝野。朝廷悬赏捉拿作诗人。府尹怀疑为张山人所作,便将他捕到大堂上审问。严刑之下,张山人仍然从容不迫地说:"我在京师谋生已三十余年,作十七字诗仅是为糊口,怎么敢拿饭碗开玩笑,去嘲弄朝廷命官?何况,这题目让我来作,也不至于写得如此低劣!"听到如此辩解,府尹只得释放了张山人。

正在演出的评书艺人

宋代说话这种表演艺术,为后世评书和弹词等曲艺形式的形成奠定了基础。

清代,是说唱曲艺发展的重要时代。经过清初柳敬亭等一代曲艺名家的努力,说唱艺术终于赢来了一个繁荣时期。说书艺术在清代初年即发展为南方评话和北方评书两大系统。南方评话包括扬州评话和苏州评话两大门类。扬州评话历史悠久,曾出过众多著名艺人，如浦琳、叶霜霖、龚午亭等皆名噪一时。苏州评话素称小书，以区别于号称大书的弹词，曾是东起上海，西至常州，北起常熟，南至杭州一带的主要曲艺，曾涌现过诸如王周士、陆瑞廷、陈遇乾、俞秀山、马如飞等著名评话与弹词艺人。北方评书则以北京为主，所演唱的内容不仅有三国、水浒等一类历史故事，而且有公案、灵怪、烟粉和市井琐事，也曾涌现出王鸿兴、吴辅庭、哈辅源等一些著名艺人。

此外，在乾隆年间出现的八角鼓和子弟书，也是较为著名的说唱艺术。八角鼓最初以岔曲命名，后将岔曲、腰截、杂牌曲并为一类，题为八鼓曲，一般以牌子曲联唱形式出现。子弟书最早由一些八旗子弟参照明代鼓词、弹词，将戍边小曲改编成以七言为主体的唱词，是一种一人自弹三弦自唱的曲艺形式。这种曲艺曾一度红遍北京城，影响所及，甚至产生了天津的西城板子弟书，涌现出擅长《龙图公案》唱腔的"石韵"艺人石玉昆。因缺乏创新，子弟书到光绪年间便逐渐销声匿迹。

清 《子弟书演出图》

清代，影响较广的说唱曲艺当为大鼓书。大鼓书为北方主要曲艺，源于聊城，德州的犁铧大鼓为较早的一种。同光年间，犁铧大鼓传入济南后，融进山东琴书、牌子曲（山东八角鼓）、民歌和戏曲等音乐成分，形成梨花大鼓。早期著名女艺人王小玉姐妹，因演唱大鼓而红遍山东，故有山东大鼓之称。在山东大鼓的影响下，西河大鼓、徐州大鼓和京韵大鼓相继产生并逐渐繁荣起来。尤其是起源于冀中的京韵大鼓，在咸同年间传入京津地区后，经过天津艺人宋五、胡十及北京艺人刘宝全等创新，将带有沧州、保定一带乡音的大鼓变成京音,将长篇截为短篇,充分吸收皮黄唱腔、咬字、表演和身段,终于使京韵大鼓形成独特的神韵。

说唱艺术

第三节 杂剧

在中国古典文学史中，元杂剧可谓一个高峰。不过，值得注意的是，元杂剧这一古典文学高峰并不是一蹴而就的，而是有一个漫长的孕育过程。令人神往的元杂剧的出现，是秦汉以来被称为集歌舞与音乐为一体的"百戏"这种演艺形式的不断发展的一种艺术结晶。

杂剧源头相当久远。中国戏剧可溯源于夏代即存在的"造烂漫之乐"的"倡优"。战国之时，已有"优孟衣冠"之说。秦汉时代，"百戏"之称已经出现，汉代以滑稽调笑为长的"俳戏"当为原始戏曲。

四川天回山出土东汉说唱陶俑

只是，秦汉之际的"俳戏"还不带有杂剧所具有的故事情节与人物活动的特征。

已带有杂剧故事性和人物性特征的歌舞，在魏晋南北朝时出现。北周宣帝在后庭中"与宫人视听"的"百衣戏"，即带有戏剧的某些特点。这类歌舞到唐代时逐渐发展并得到完善，被总称为"歌舞戏"。在中晚唐之际，"杂剧"这个名称出现，中国所特有的戏剧艺术雏形终于问世。

唐代，当为中国戏剧的滥觞时期。流行于唐代的歌舞戏，为后世戏剧的诞生提供了范例。唐代所流行的歌舞戏，主要有《大面》《拨头》《踏摇娘》和《参军戏》等。其中，与后世戏剧关系最为密切的当为《参军戏》。

《参军戏》不仅为宫廷助兴歌舞之一，而且是唐代市井中的主要娱乐项目。这种戏既有音乐伴奏，又有男女演员，已带有后世杂剧的某些特征。据说，政和公主下嫁柳潭时，唐肃宗"宴于宫中，女优有弄假官戏，其绿衣秉简者，谓之参军戏"。可见，在《参军戏》中，演员已开始用行头来装饰和打扮自己。

市井之间所流行的包括《参军戏》在内的各种曲调，被称为"杂曲"。这些杂曲以其清新、明朗、欢快的格调与艳丽、繁华、铺张的宫廷雅乐相对照，形成了较为鲜明的"下里巴人"艺术特色。对此，《乐府诗集》谓：

杂曲者……或心志之所存，或情思之所感，或宴游欢乐之所发，或忧愁愤怨之所兴，或叙离别悲伤之所怀，或言征战行役之所苦，或缘於佛老，或出自夷虏，兼收备载，故总谓之杂曲。

包罗万象的唐代杂曲，可以说是那个时代民间疾苦与欢乐的集中反映与写照，也是后世戏曲的滥觞。

大概正是因为杂曲所包含的真挚情感，才使唐代最高统治者对此情有独钟，从而为杂剧的问世提供一定促进作用。

唐玄宗就是这样一位皇帝。他酷爱音乐及戏剧，设立多种音乐管理机构以促进其发展。在太常寺下，除乐府外，既有负责雅乐的大乐署，又有专管鼓吹乐队的"鼓吹署"，众达数万人，更有"教坊"与"梨园"。教坊原为管理宫廷音乐的机构，隶属于太常寺。唐玄宗时，设立内、外教坊，外教坊有四处，长安、洛阳各设两处，不再隶属太常寺，由宫廷派中官为教坊使负责管理。"选坐部伎子弟三百，教于梨园。声有误者，帝必觉而正之，号'皇帝梨园弟子'。宫女数百，亦为梨园弟子，居宜春北园。梨园法部更置小部音声三十余人。"流行于民间的歌舞戏"《大面》《拨头》《踏谣娘》《窟垒子》等戏。玄宗以其非正声，置教坊于禁中以处之"。这些歌舞戏经过不断的提炼与升华，促使戏剧诞生的同时，也为中国文化开辟出一片新天地。

陕西礼泉郑仁泰墓出土歌舞俑群

正是基于这种原因,在戏剧界,自清代开始,便把唐明皇视为戏剧鼻祖,尊崇为行业之神予以崇拜。对此,徐珂谓在《清稗类钞·丧祭类》中说:"梨园弟子之唱昆曲者,辄奉一少年白皙冠服如王者之神为鼻祖,谓为老郎,相传即唐玄宗。殆以中秋游月宫霓裳偷谱之事,而玄宗且自称三郎,又因禅位倦勤退为上皇,而称之曰老郎。此附会之所由来。"

至宋代,杂剧即成为市井艺人在瓦舍勾栏中演出的重要文艺形式。孟元老的《东京梦华录》中曾记载,某一瓦舍勾栏因搬演一出杂剧而"观者倍增",体现了市民对杂剧的欢迎。耐得翁的《都城纪胜》在记述"瓦舍众伎"时则言:"惟以杂剧为正色。"

不过,就其广义而论,宋杂剧泛指各种表演伎艺,甚至连皮影戏、傀儡戏等也被列入杂剧,因而杂剧又称"杂戏"。就其狭义而论,只是指与唐代参军戏一脉相承的滑稽短剧。

宋代杂剧与唐代参军戏复杂得多。在演员上,唐之《参军戏》只有两个角色,即主角参军与配角苍鹘或苍头,杂剧通常有末泥、引戏、副净、副末、装弧五个角色。在情节上,参军简单,杂剧复杂,大致可分为

河南焦作金墓出土戏剧俑

艳段、正杂剧、杂扮三部分。艳段表演"寻常熟事",是正戏开演前招徕观众的小节目;正杂剧是整个表演的主体部分,以唱为主或以滑稽戏为主;杂扮,或称散段,大致是指附于正杂剧之后的玩笑段子,"多是借装山东、河北村叟,以资笑端",即嘲笑初进城来洋相百出的乡下人。以杂扮终结,可造成杂剧在轻松笑声中收场的喜剧效果。

杂剧在宋代已较流行。《武林旧事》"官本杂剧段数"中,收录的宋代杂剧剧本之名即达280个。宋杂剧的内容,据王国维在其《宋元戏曲考》中论证说:"官本杂剧段数则多以故事为主,与滑稽戏截然不同,而亦谓之'杂剧',盖其初本为滑稽戏之名,后扩而为戏剧之总名也。"由此可以看出宋杂剧初始以滑稽调笑为主,后来多以表现故事为主的变化。

宋 《杂剧演出图》

宋杂剧发扬唐参军戏的滑稽传统,借演出之机来讥讽朝政。崇宁年间,二艺人在宫中演出《折百钱》,一饰买浆者,一饰卖浆者,买浆者"投一大钱买一杯",因卖浆者无零钱可找,买浆者只得"连饮至于五六",并说:"使相公改作折百钱,奈何!"此杂剧所讽刺的便是蔡京铸当十大钱。据说,宋徽宗观罢此剧,下令废止当十大钱。因此,当时有"台官不如伶官"之说。以杂剧来讥讽朝政,一般不会激怒权贵,对此,时人说:"大抵全以故事世务为滑稽,本是鉴戒,又隐为谏诤,谓之无过虫。"

艺人以演出杂剧来讽刺朝政的滑稽传统,在辽、金艺人身上仍保持着。据说,辽艺人罗衣轻"滑稽通变,一时谐谑,多所规讽"。元昊在战争中"获辽人,辄劓其鼻"。兴宗战败,罗衣轻问:"且观其鼻在否?"兴宗大怒,把他逮捕入狱,"将杀之"。太子笑语:"打诨底不是黄幡绰!"罗衣轻应声道:"行兵底亦不是唐太宗!"兴宗"闻而释之"。

不过,并不是所有以演出来讽刺朝政的艺人都能够幸免于难。据说,秦桧看过《二圣环》后,"明日下伶于狱,有死者"。

杂剧虽以滑稽而见长，但其积极干预世事的态势，说明这种艺术已经开始由萌芽走向成熟。正是在此基础上，宋元交替之际，北方都市中出现了融会宋金以来唱赚、说话、朱提、诸宫调等艺术形式之长的表演艺术，终于形成元杂剧这种成熟的戏曲艺术。

元杂剧是中国文化史上发展的又一个巅峰。这种在宋杂剧基础上发展起来的一种戏剧，被文化界称为"元曲"。元杂剧的诞生，既是时代孕育的结果，也是中国文化在宋元时代大融合的一种结晶。元代实

山西洪洞县广胜明应王殿
元代壁画（1324年）

行民族等级制，汉人社会地位降低，文人不受重用，加之科举被废近80年，阻断了文人晋身之路，使大批文人"沉抑下僚，志不获展"，因而创作杂剧以抒发内心郁愤便成为一部分文人的志趣所在。关汉卿即在《窦娥冤》中呐喊：

天地也，做得个怕硬欺软，却原来也这般顺水推船。地也，你不分好歹何为地！天也，你错勘贤愚枉作天！哎，只落得两泪涟涟。

更有一部分潦倒落魄的文人干脆"不屑仕进，乃嘲弄风月，流连光景"，以杂剧创作聊为生计。文人的参与无疑大大提高了戏剧创作质量，对元杂剧的兴盛起到关键性作用。这些与艺人为伍的"浪子班头""锦阵花影都帅头"，借助于杂剧独特的艺术形式，痛快淋漓地宣泄胸中的郁闷，"以其有用之才，而一寓之乎声歌之末，以舒其拂郁感慨之怀"，涌现了关汉卿、马致远、王实甫、白朴、郑光祖、宫大用等一大批元代杂剧创作大家。对此，关汉卿自述心志的

关汉卿画像

套曲《不伏老》(南吕调·一枝花)用生动的比喻和泼辣的语言,将一个敢于向世俗抗争的"浪子班头"称为:"蒸不烂、煮不熟、捶不匾、炒不爆、响当当一粒铜豌豆。"

元杂剧在精神上有两大主调:一是倾吐文人群体心中的郁闷和愤怒;二是讴歌非正统美好与追求,前者如关汉卿的著名剧作《窦娥冤》,后者如王实甫所作之"天下夺魁"的《西厢记》。杂剧艺术家面对元朝统治者民族压迫及轻贱蔑视知识分子的黑暗现实,将人们心中郁愤之情锻造成多样化的戏剧情节。关汉卿借窦娥之口发出"地也,你不分好歹何为地?天也,你错勘贤愚枉作天"的悲愤呼喊;王实甫充满激情地讴歌莺莺与张生忠贞不渝的爱情,高呼出瑰丽奇峭的理想宣言:"愿天下有情的人都成了眷属!"在戏剧史上,元杂剧还塑造出包拯这类斩皇亲、铡国戚、惩治权贵的清官形象。在人物刻画上,包拯之类清官虽被描绘成现实社会中的人,但在关键时刻往往变成无所不能并执着申诉人间不白之冤的"神"。显然,这既是民众倾吐心中郁闷与愤怒的另类表达,也是平民百姓渴求世间正义而不得的无奈及悲凉心态的反映。可以说,正是在这种民众倾吐心中郁闷与愤怒,渴求和呼唤正义的社会心态驱使下,元杂剧才得以诞生并走向繁荣。

元杂剧剧本创作有一定的惯例。一般采用一本四折结构方式,即一个剧本分为四折。折即"幕",既是音乐单元,又是故事发展段落。每折只限一个宫调,可包含若干"场次"。有的还在正剧或场次之前加相当于序幕的"楔子"。杂剧包括"唱词"和"宾白",唱以抒情,白以叙事。其角色可分为四类:旦、末、净、杂。演出时,一个角色(正旦或正末)主唱,其他角色在旁科白或科诨。由此形成歌唱与念白相结合、唱功与作功相杂凑、文戏与武戏相掺杂的民族特色独具的综合性表演艺术。

山西右玉宝宁寺元壁画
《戏班赶路图》

元杂剧既铸造起中国古典文学的一个高峰，也粉饰起中国古代市井娱乐的一个时代。杂剧颇受民众欢迎，成为元代市井之人的一种最为重要的娱乐形式。即使在勾栏中排戏，也有不少围观者。至正二十二年（1362），松江府前的勾栏排戏时，因棚屋倒塌，压死42人，其中大多数是围观者。山西洪洞县赵城镇广胜寺明应王殿有一幅元代壁画，横书"大行散乐忠都秀在此作场"，描写的即是戏曲演出时的情景。

山西洪洞县广胜寺元壁画《戏曲演奏图》

在如此广泛流行的杂剧表演浪潮中，必然涌现一大批优秀艺人。据元末陶宗仪记载，出名的女艺人有珠帘秀、顺时秀、天然秀、赛帘秀、燕山秀等，出名的男艺人有"教坊色长魏、武、刘三人"，"魏长于念诵，武长于筋斗，刘长于科泛，至今乐人皆宗之"。

只是，这个高峰坍塌和消失得太迅速。到元代后期，杂剧即走向了衰落。个中原因，即在于杂剧创作出现了贵族化、典雅的倾向，杂剧随之成为不被民众欢迎的艺术而黯然失色。

这似乎再一次说明，民众是艺术的生命源泉，不被民众青睐的艺术，即使再高明、典雅，也只能被抛弃而成为一种历史的陈迹。

元杂剧的剧本创作结构有一定的惯例，一出完整的剧目分为几"折"，每折包含若干"场次"，有的还在场前加"楔子"相当于序幕。杂剧包括"唱词"和"宾白"，唱以抒情，白以叙事。其角色可分为四类：旦、末、净、杂。演出时，一个角色（正旦或正末）主唱，其他角色在一旁科白或科诨。由此形成歌唱与念白相结合、唱功与作功相结合、文戏与武戏相结合的独具民族特色的综合表演体系，进而为后世的京剧及中国其他古典戏曲艺术的发展确立了坚实的根基。

以宋词、元曲和明清小说为代表是中国封建社会后期文学高峰的出现，再一次说明，文化的创造是一个民族的创造，平民文化为所谓"精英文化"提供了丰富的营养，勃兴标志着中国文学巨匠的时代已经结束，人民的大众的文化将成为时代精神的旗帜而高扬于中国文化体系中，伴随而来的也将是一种文化体系构成的深思与反省。

第四节 南戏、昆曲与花部

表演艺术，对于民众来说，是一种不可或缺的精神食粮。因此，表演艺术发展与演变的轨迹是：当一种表演艺术黯然褪色之际，另一种表演艺术也将随之兴起，并迅速占领其所应该占领的空间，以充当起民众的新的精神食粮。

元杂剧的衰落与南戏的兴起，便体现了表演艺术彼消此长的更替规律。

南戏，是南方戏曲的一种简称，元代晚期始有此名，又被称为"戏文"。与之相对的，则是此时在北方仍然还时有演出的杂剧，因此，元杂剧又被称为"北曲"。

南戏约出现在北宋宣和以后，到南宋光宗朝（1190—1194）才基本成形。南戏是在南方民间歌舞小戏基础上发展起来的一种戏曲表演

以行头亮丽而著称的南戏剧照

艺术。对此，明代徐渭说："其曲，则宋人词而益以里巷歌谣，不叶宫调，故士大夫罕有留意者。"

南戏，初为村坊小曲，兴起于温州等地农村，又称为"戏文"和"温州杂剧""永嘉杂剧"。起初，南戏结构较为简单，出场人物较少。后来，南戏吸收杂剧插科打诨的表演形式，形成了一种或唱或念，或做或打，或叙事或抒情，或凄凉或调笑，风格独特的剧种。南戏被太学生引入临安之后，"戏文盛行于都下"。

只是，流传至今的南戏作品少见。现存最早的南戏作品当为《张协状元》。此南戏因与《宦门子弟错立身》《小孙屠》一起被保存在《永乐大典》中而被合称为《永乐大典戏文三种》。南戏的代表作当为荆、刘、拜、杀、琵，即《荆钗记》《刘知远》《拜月亭》《杀狗记》《琵琶记》，被称为南戏五大本。其中，高明的《琵琶记》当为南戏中成就最高者，因而被誉为"南戏之祖"。《琵琶记》为元代后期作品，是由早期戏文《赵贞女蔡二郎》改编而成的。《琵琶记》描述的是丈夫蔡邕步步陷入功名利禄罗网，越来越嫌弃、鄙视水深火热之中的贤惠妻子赵五娘的故事情节，鞭挞的是追名逐利之徒，褒奖的是温柔善良的人格。

现代南戏《琵琶记》剧照

南戏与杂剧的最大不同，首先，在于伴奏乐器以打击乐为主，而杂剧则以弦乐为宗，因而有人说："北力在弦，南力在板。"其次，在结构上，南戏已摆脱了杂剧一本四折的呆板格式，变"折"为"出"，一本可由十几出、几十出组成，从而使剧本可以容纳更长的戏文，有利于强化戏剧故事的完整性和曲折性。再次，南戏的角色比杂剧齐全，已有生、旦、净、丑、外、末、贴等七种，各种角色都可以唱，也可以接唱与合唱。这种角色行当的分工较之杂剧以一人主唱的形式更加合理，更利于表达不同人物

南戏画幅

的性格和感情。因此,当杂剧呈现出衰退之态时,南戏便悄然崛起,成为民众喜闻乐见的一种艺术形式。

当南戏兴起于南方民间之际,北方也兴起了一种大型民间说唱艺术。这种说唱艺术集若干套不同宫调的不同曲子连递歌唱而成,有说有唱,以唱为主,是一种曲体宏大、曲调丰富,可以表现曲折复杂故事情节的表演艺术,被称为"诸宫调"。诸宫调在金朝统治地区已十分流行。现在,流传下来的金代诸宫调本子有《西厢记诸宫调》《刘知远诸宫调》和《天宝遗事诸宫调》。以民间说唱形式为基础发展起来的诸宫调,因拥有通俗易懂的特点而为民众所喜欢。这种说唱形式不仅为元曲的成熟提供了充分的营养,而且对南戏的发展也起到了重要的作用。

河南焦作西冯封村出土金击鼓拍板演出童俑

明代,杂剧进一步衰落,南戏却大行其道,广为流传,逐渐形成了弋阳腔、海盐腔、余姚腔和昆山腔四种主要唱腔。弋阳腔长于同各种地方方

昆曲剧照

言相结合，仅用锣鼓为节奏而不用管弦，风格高亢喧阗，粗放豪迈；海盐腔多用官话，体局静好，轻柔婉转；余姚腔俚词肤曲，杂白混唱，为士大夫所鄙视。四派之中，弋阳腔率先兴盛，传播南北各地，在南京与北京之中颇有影响，被称为"京腔"。继之，海盐腔、余姚腔也曾兴盛一时。发源于昆山、太仓一带的昆山腔为后起之秀。诞生之初，昆山腔仅为散曲清唱，还未与戏剧结缘。到清朝乾隆年间经魏良辅创新之后，才成为唱腔流丽悠远，委婉动听，成为文人雅士和市井庶民无不喜欢的一个剧种。独具一格的昆山腔一出，很快便取代弋阳腔的地位而成为"霸主"，被称为"昆曲"。后来，昆曲一枝独秀，弋阳腔、海盐腔和余姚腔逐渐式微。

　　昆曲的崛起，推动明代戏剧向长篇传奇方向发展，从而使明代戏剧在保持南戏传统的基础上，汲取元杂剧的优点，形成了一种新的戏剧体系。传奇之名，起于唐，但当时仅为短篇小说性质。由于明代戏剧在故事情节描述手法上多取材于唐人传奇，因而也被称为"传奇"。

　　明代嘉靖至万历年间，昆曲佳作当为李开先的《宝剑记》、梁辰鱼的《浣沙记》和王世贞的《鸣凤记》。明代后期，昆曲创作形成了临川派和吴江派两大派别。以汤显祖为首的临川派以才情文采见长,代表性作品有被称为"临川四梦"的《牡丹亭》《紫钗记》《南柯记》《邯郸记》。以沈璟为首的吴江派以追求通俗之美为创作宗旨,代表性作品有《侠义记》《红蕖记》《埋剑记》等,总称为《属玉堂传奇》。

　　清代前期,昆曲创作出现了又一次繁荣,涌现了李玉、李渔、孔尚任、洪昇等一大批著名戏剧作家。李玉以"一、人、永、占"(《一捧雪》《人兽关》《永团圆》和《占花魁》)而负盛名。李渔则以戏剧理论《闲情偶记》而闻名。孔尚任的《桃花扇》和洪昇的《长生殿》则为昆曲戏剧画上了一个圆满的句号。在此之后,昆曲渐趋雅化,走上衰落之路,花部乘机在市井之中兴起。

昆曲《桃花扇》舞台

　　所谓花部,是与正统被视为雅部昆曲而言的,指的是清初各地涌现出来的地方戏,既带有丰富多彩的含义,又带有非正统的意味。清初,是地方戏普遍滋生的时期。此时的地方戏,主要包括由弋阳腔在各地派生的空腔腔系、北昆和湘昆等组成的昆腔腔系,以及梆子腔系、弦索腔系、皮簧腔系和乱弹腔系。这种种声腔系统既是同一戏曲声腔在不同地区不断演变的一种结果,又是不同声腔在同一地区演出兼容并包繁衍出新的剧种的一种结果。花部之戏除以粗犷炽烈、高亢奔放的风格吸引观众外,还以打击乐为主,唱时字多音少,一泄而尽的特点见长。因此,无腔不备,无戏不有的花部成为民众喜闻乐见的戏剧形式。乾隆朝初年,花部弋阳腔进京,不久,花部秦腔进京,揭开了花部与雅部争雄的岁月。乾隆五十五年(1790),为庆祝清高宗80大寿,花部四大徽班进京,经过反复较量,终于取代雅部昆曲的独尊地位,并发展为后来的京剧。京剧的诞生,标志着"花雅之争"的结束与花部登上中国戏剧王冠地位。

戏楼畅音阁

故宫戏楼,这座曾令乾隆、慈禧太后等清代最高统治者为之痴迷的宏伟建筑,也曾是孕育中国戏剧发展的神圣之所。

被视为中国国粹的京剧,是以徽调的二黄和汉调的西皮为主要唱腔,吸收京腔、昆腔、秦腔以及梆子腔的曲调、剧目和表演技巧,逐渐融合而形成的一种新剧种。这种剧种以作功和唱功见长,每行都有一套完整的表演程式,讲究虚实结合,精于舞台效果,对于曲文却不怎么重视。

因此,当京剧日益受到达官贵人重视之时,作为花部的各种地方戏曲仍为见所喜欢。鲁迅所描述的社戏,成为这位文学巨匠少年时代成长的一种营养。常香玉所表演的豫剧,成为她寄托一颗事业心的所在。可以说,各种地方戏剧,不仅曾经是近代中国人的娱乐食粮,而且对于近代中国人爱国之情的启迪曾经发挥过不可忽视的重要作用。

清末　胶东农村请戏班唱戏时的情景

第三章

杂技

第一节 舞刀弄棍

当今,按照所表演的杂技性质分类,艺人可以分为两大类:一是从事戏剧演出、电影表演、评书弹唱、表演相声与口技、唱大鼓与说竹板,以及变戏法、写字卖画等技巧的所谓文艺人;二是依靠舞刀弄棍、抡拳使腿、走索卖解、顶碗转碟、表演魔术、卖弄功夫为生的所谓武艺人。

比较而言,就历史的进程而言,依靠卖艺为生的文艺人产生较晚,而被视为舞刀弄棍之类的武艺人产生则较早。

可以肯定地说,早在原始狩猎时代,带有后世舞刀弄棍性质的游戏即是已摆脱宗教的束缚而问世。

似乎,石球可以说明最早游乐性器具的起源。1976年,考古工作者在山西阳高县许家窑旧石器时代文化遗址中发现了十万年前的1500多个石球。这些石球是做什么用的呢?考古学家认为,石球是原始先民用于狩猎的工具。

陕西北首岭出土石球

不过,在西安半坡村新石器时代文化遗址中,于一个三四岁的小孩墓葬中发现有三个石球。显然,这些石球已不是狩猎的工具,而是用于小孩嬉戏玩耍的器物。

除石球而外，考古工作者在四川、安徽等地新石器时代文化遗址中，还发现了距今约5000多年的陶球。四川所出土的陶球，空心、薄壳，球面被纹线分成若干对称均匀的三角形和扇形，与文献记载中春秋战国时宜僚弄丸的丸铃相似。显然，这些陶球也不是狩猎用的工具，而应是具有游戏功能的玩具。

大概，自从兵器产生之后，与兵器有关的娱乐也随之问世。传说，有苗部族见夏禹士兵"手执干戚而舞"便不战而降。

击剑之法，唐人颜师古注《汉书·东方朔传》曰："击剑者，以剑遥际而中之，非斩刺也。"可见，击剑之法为掷剑而中的。荆轲刺秦王即是以剑遥击的。"荆轲乃引其匕首以提秦王，不中，中铜柱"，结果为秦王所杀。荆轲死后，一个善于击剑者鲁勾践叹息道："嗟乎！惜乎！其不讲于刺剑之术也。"如此击剑之法，对于后世的舞剑杂技的产生与发展自然大有裨益。

很可能，跳丸与跳剑这类手技百戏，即与击剑之术有一定的联系。

据文献记载，跳丸与跳剑这类手技性百戏，在春秋之时已经很成熟。春秋之时，楚国有一个名叫熊宜僚的人善于跳丸。当时，与令尹子西有仇的白公胜发动兵变。他招募勇士，妄图杀掉令尹子西。于是，子綦向白公胜推荐了熊宜僚。熊宜僚不愿追随白公胜谋反，对白公胜派来的人理也不理，照常玩他的跳丸游戏。来人大怒，以剑相威胁。熊宜僚毫无惧色，跳丸如故。结果，白公胜没有敢于刺杀令尹子西，因而避免了一场内乱。对此，庄子说："市南宜僚弄丸，而两家之难解。"

不管是否真有熊宜僚其人，但是，起码在战国时期已有跳丸之戏当是确定无疑的。不然的话，即使庄子梦蝶梦得再玄，他也不可能梦

东汉跳丸杂技俑

出个"跳丸"来。

在《列子》中,还记载了这样一个故事:"宋有兰子者,以技干宋元君。宋元召而使见其技,以双枝长倍其身,属其胫,并趋并驰,弄七剑迭而跃之,五剑常在空中。元君大惊,立赐金帛。"这位著名艺人将两根木棍绑在自己的腿上,不仅使自己顿时长高了一倍,行走如驰,而且能表演抛接七把宝剑的杂技,他手中只有两把宝剑,其余五把在空中升落自如,实在让宋元君惊喜不已,因而才重重地赏赐了他。由此看来,洛阳金村出土战国女孩青铜像手中所持器物即很带有宋国兰子弄剑的特征。

洛阳金村出土战国青铜女孩像

值得注意的是,春秋战国时期,有关剑术理论的探讨,对于后世舞刀弄棍游艺杂技的发展当有一定的启迪作用。虽然,中国古代表演与娱乐性武术被称为"花架子",但所具有的一个重要特点,便是带有一定的实战性和逼真性。因此,有关武术理论探讨无疑成为后世表演性武术的一种理论依据。春秋时,越国有位越女颇懂剑术之道。她说:"凡手战之道,内实精神,外示安仪,见之似好妇,夺之似惧虎。布形候气,与神俱往。杳之若日,偏如腾兔。追形逐影,光若佛仿。呼吸往来,不及法禁。纵横逆顺,直复不闻。"这段有关于剑术的精彩论述,成为后世舞刀弄棍游艺技巧发展的一种依据。

可以说,早期的表演性武术还带有浓厚的实战性特点。楚汉之争期间,在著名的鸿门宴事件中,意在沛公的项庄舞剑便集中地体现了这种特点。席间,企图杀掉刘邦的项庄以"军中无以为乐,请以剑舞"为由,拔剑以助兴,从而导致了樊哙与之对舞,以保护刘邦。可见,此时剑舞虽已成为一种单项兵器表演,但不仅没有一定套路,而且带有一定的实战性。大概正是因为如此,在云南晋宁石寨出土的西汉贮贝器盖上才存在那带有血腥味的《持剑搏杀图》。

无独有偶,三国时东吴大将凌统的席间舞剑,同样带有鸿门宴上项庄舞剑的特点。凌统与甘宁有杀父之仇。一次,两人在元帅吕蒙举行的会上相遇

云南晋宁石寨出土西汉贮贝器盖《持剑搏杀图》

酒酣耳热之际,一心想报杀父之仇的凌统拔剑而起,妄图以剑舞助兴的方式杀掉甘宁。甘宁也不示弱,说了句"宁能双戟舞",便离席与凌统对舞起来。在宴会即将变成战场之时,吕蒙说:"'宁虽能,未若蒙之巧也'。因操刀持盾,以身分之",从而避免了一场内乱的发生。或许,类似四川成都出土汉画像石《丸剑乐舞图》即是基此种事件而问世的。

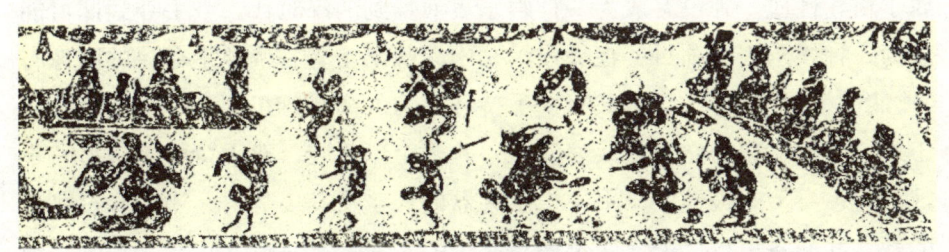

四川成都出土汉画像石《丸剑乐舞图》

在考古所发现的众多汉代文物中,也存在以真实兵器舞蹈助兴的形象。江苏铜山县汉墓出土有一画像石《比武图》,画面上共有七人,中间为两比武者,一人持戟突刺,一人左手拿钩镶推挡,右手持剑还击,剑尖直指对方额头。两比武者的右侧有一人抱刀观看,左上角有一人吹乐伴奏,左下角有两人坐观。整个画面一派欢乐祥和的气氛,显然属于娱乐性质。

江苏铜山县汉墓出土一画像石《比武图》

第三章 杂 技 / 71

在陕西绥德县出土的汉画像石中,有一幅《击鼓蹴鞠图》,所展示的也是表演性剑舞,使用的也是真实兵器。图中右边端坐头戴高冠的官吏,面前摆有酒樽,有一小吏俯伏谒见,身后有一侍者。表演节目者有一击鼓俳优,两人蹴鞠,一人击剑,一人持钩镶,相互攻防。击剑与蹴鞠在同一画面上出现,表明兵器击刺已不属于军事性质的练武,而是娱乐性表演。

真实兵器被用来进行娱乐性表演,一个重要的原因即在于这种表演的惊险性和刺激性。你死我活、血肉横飞式的格斗不仅能给观者带来感官上的享受,而且能让人体会到参与格斗者的精湛武艺。其中,最令观众难以忘怀的当为空手夺兵。空手夺兵,既是武术高深的显著标志,也是舞刀弄棍之戏最为精彩的表演。因此,春秋之时宋国勇士宋万便以空手夺兵而青史永驻。他曾一拳打死宋闵公,又一拳打落大夫仇牧手中的剑,再一拳打碎仇牧的下巴,是一位武艺高强的斗士。只是,春秋时期的空手夺兵还属于格斗性质,并没有成为一种娱乐表演。到两汉时代,空手夺兵即可能成为一种娱乐表演项目。在徐州汉墓中,曾出土有一幅空手夺兵的画像石《比武图》。图右坐一头戴武冠、手持环头刀的高官,正面有三个武官匍匐于地。图的左边为空手夺兵表演。一武士全副武装,双手持戟刺向另一头戴武冠,身上未披铠甲,手中未拿兵器的人。从其姿势看,当为躲过刺来的戟,并准备进行反击。两个格斗武士的左面,有一侍女正在兴致勃勃地观看。右边,则是一个格斗胜负的评判官。如此汉画像石较为多见,说明兵器表演已成为当时流行的一种娱乐活动。

大概正是因为如此,以真实兵器表演以娱乐的现象,几乎流行于汉代社会各个阶层。汉哀帝"雅性不好声色,时览卞、射、武戏"。这里的"射"为射箭,"卞"和"武戏"为什么呢?苏林的注释为:"手博为卞,角力为武戏。"在东汉时,有个叫甘延寿的人,因为特能于手博,故被提拔为军官,即所谓"试卞为期门"。汉哀帝喜欢手博之戏,说明当时的拳术已经进入宫廷娱乐项目。

皇帝如此,大臣自然尾随其后。山东嘉祥县武梁祠所保存的汉画像石《比武图》,整个画面被分为五层,是一种带有连环画性质的图案。第一层为五人前去谒见一人,禀报有比武表演活动;第二层为乘车前往形象；第三层为迎接高官场面；第四层为观看比武情景；第五层为乘车返回阵势。由此可见，即使为高级官吏，也存在观看民间表演剑术的活动。陕北绥德出土的汉画像石《比武图》同样带有这种特点。

在徐州出土的汉画像石《比武图》中，则是另一番情景。此《比武图》共有四层，也为连环画性质。第一层为一人邀请三人前去观看比武景象；第二层为一同徒步前往场面；第三层为两人比武情景；第四层为返回时揖别景象。整个画面中并不存在乘车景象，也不见迎接场面，显然是一般民众观看比武的记录。

刀剑击刺既然已经进入娱乐圈子，那么，此类表演必定有一定的套路，否则，参与表演的艺人即可能在对抗之中出现伤害现象。因此，在战国时期，"赵文王喜剑，剑士夹门而客三千人，日夜相击于前，死者岁百余人"。到汉代，淮南王太

陕西绥德出土的汉画像石《比武图》

子刘迁自以为剑术高明，闻听郎中雷被表演剑术精巧，"召与戏，被一再辞让，误中太子"，结果引起一场大乱。

到东汉末年，兵器的代用器械才出现在表演武术之中。三国时，魏文帝曹丕曾记载过自己亲自经历过的一个故事：有位武艺高强的将军名叫邓展，"善有手臂，晓五兵，又称其能空手入白刃"。这就是说，邓展是一位精通拳术，烂熟于矛、戟、弓、剑、戈五种兵器，能空手夺兵的将军。空手夺兵，自然武术高强的标志。一次，曹丕在殿上饮酒，酒酣耳热之际，正要食甘蔗，舞剑之兴大发，于是唤邓展前来比赛剑术，"便以（甘蔗）为杖，下殿数交，三中其臂，左右大笑"。

两汉时代，武术表演并不仅限于宫廷，在民间也很风行，尤其是跳丸与跳剑之戏广为流行。张衡在《西京赋》中所说"跳丸剑之挥霍"，指的就是这种游戏。在山东沂南县北寨村东汉墓中，所出土的《乐舞百戏图》画像石中，画面上即有跳丸、跳剑、顶竿、走索和马戏等杂技表演景象。

第三章 杂 技 / 73

跳剑伎人双手抛接四剑，体现当时抛接剑的水平。即使四川，此类画像石也较多见。在山东临淄所出土的汉画像石中，也见有戏车的景象。

四川长宁出土汉代石棺画《百戏图》中有冲狭、叠案倒立、弄丸、抛剑、钻圈等景象

山东临淄出土汉画像石《戏车图》

除表演剑术之外，两汉时期还有一些惊险的娱乐性武术节目。在张衡的《西京赋》中曾提到"冲狭燕濯"和"胸突铦锋"两种惊险性杂技。这里所说的"冲狭燕濯"，即是后世被称为"钻圈"的杂技，是一种翻着筋斗从火圈或刀圈中钻过的惊险性杂技动作，表现的是艺人的轻柔灵活，矫若飞燕的形象。所说的"胸突铦锋"，则是表演者以胸膛或脊背顶着尖刀的杂技动作。显然，这是两种凭借硬功和软功来表演的惊险杂技。

剑术表演是春秋战国直至两汉时期的一种重要娱乐性节目。但是，伴随魏晋南北朝时期大刀和长矛替代剑在兵器中的显著地位，剑术表演也随之淡化。南北朝时，天兴六年（403），北魏皇帝"诏太乐总章鼓吹，增修杂技，造五兵角抵"。可见，兵器表演已被正式纳入宫廷乐舞。因此，杨衒之的《洛阳伽蓝记》中记载有兵器角抵之戏"有羽林马僧相善角抵戏，掷戟与百尺树齐。虎贲张车渠，掷刀出楼一丈"。

在这个剑术表演被淡化的时代，汉代即已问世的棍术表演等杂技才异军突起，逐渐成为武术性杂技表演的主要项目。仅在《南齐书·乐志》和葛洪《抱朴子·辨问》中，所记载的棍术等杂技项目即有夏育扛鼎、背负灵岳、桂书白雪、画地成川、履絙登幢等多种，标志着一个杂技表演繁荣时代已经到来。据说，南朝齐东昏侯萧宝卷虽是个昏君，却是一个杂技高手。他擅长一种被称为"担幢"的杂技表演，堪称当时一绝。他以头顶竿，乐此不倦，并做出各种令人叫绝的高难动作。甚至，他能以牙齿顶起数丈高竿，演出时人不可能表演的绝技，即使"折齿"，也为之"不倦"。

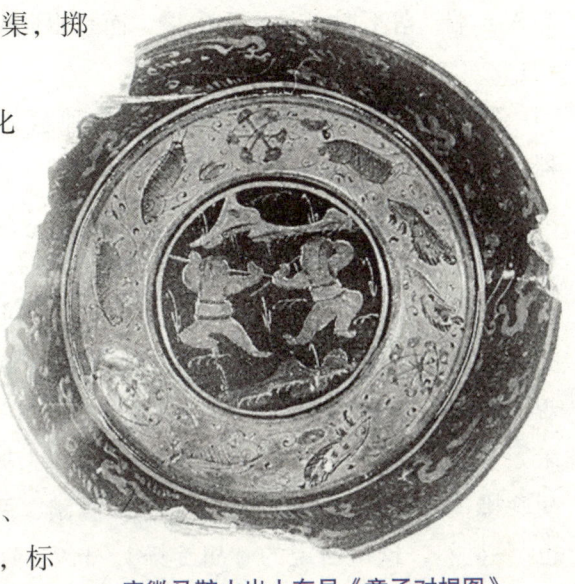

安徽马鞍山出土东吴《童子对棍图》

唐代，抛掷兵器的技巧有了更高的发展。被誉为"开元三绝"之一的舞剑艺人裴旻，将掷剑之技发挥到无以复加的地步。《独异志》云，裴旻"左旋右抽，掷剑入云，高数十丈，若电光下射，旻引手执鞘承之，剑透室而下。观者数千人，无不悚惧"。裴旻抛出的剑，

汉代《高竿站立图》

第三章 杂技／75

高入云端，落下时不是用手出接，而是以剑鞘承接，惊险奇巧，令人叹为观止。

实际上，唐代盛行的剑舞，从某种意义上说，也应是一种杂技性兵器表演。只是，以剑舞而著名的公孙大娘，人们所欣赏的是她那"燿如羿射九日落，矫如群帝骖龙翔。来如雷霆收震怒，罢如江海凝清光"动人舞姿，而不是翻江倒海般的剑术。在此，剑仅是公孙大娘舞蹈时的一种道具，剑舞所体现的也不是一种兵器之魂。因此，在宋代以前，当杂技还没有从百戏之中分离出来之时，某些带有武术性质的歌舞往往是以百戏的面貌出现的，有的则被认为属于舞蹈之列。在唐人段安节所著的《乐府杂录》"俳优"条中，即将杂技性质表演称为舞蹈。其中谓："舞有骨鹿舞、胡旋舞，俱于一小圆球子上舞，纵横腾踏，两足终不离球子上，其妙如此也。"显然，这里所说的《胡旋舞》，与安禄山、杨贵妃所跳的《胡旋舞》是两种性质的演艺，应属于踏球杂技之列。

自唐代开始，中国武术已逐渐向着重在功力的方向发展。在这种形势之下，伴随市井之乐的兴起，舞刀弄棍式杂技的范畴便豁然扩大，更加注重力量与技巧之美的宣泄。唐朝军人在闲暇之时所开展的举重之戏，便是杂技项目扩大的一种表现。据说，闲暇时，唐朝的军人"壮者为角抵、拔河、翘木、扛铁之戏"。这里所说的"翘木"便是翘关，是测验臂力的一种器具；而"扛铁"则是铁制的举重器具。这说明，当以剑为主要道具的表演武术开始在上层社会淡化之际，更加多样的道具出现在表演武术之中。

在此，需要说明的是，举重比赛在唐代以前即已存在。起码自春秋战国时期起，即有以拓关和扛鼎来显示具有超人臂力的说法。据说，"孔子之劲，能拓国门之关"。这就是说，孔子是一

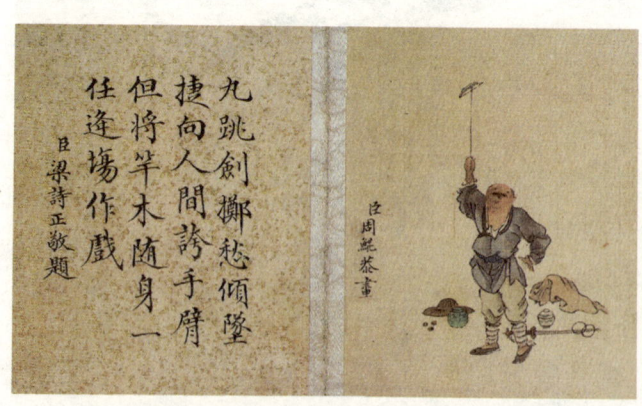

清朝·周鲲 村市生涯图册（杂耍）

个能够举起国都城门门闩的大力士。战国时,军队之中"必有力轻扛鼎之士,若此之等,选而别之,爱而贵之,是谓军命"。自此之后,方力大无比者,皆被称为扛鼎之人。项羽,"长八尺,力能扛鼎"。广陵王刘胥,"壮大,力扛鼎"。那些扛鼎之士,甚至能与有战功和从事惊险戏车表演的人一样,被提拔为官吏,即所谓"勇者以死射功,戏车、鼎跃咸出补吏"。不过,直至宋代以前,举重仅是测验力量大小和锻炼体力的一种方式。

宋代,是我国杂技项目开始独立的时代,舞刀弄棍不仅拥有了各自的名称,甚至出现了一些艺人团体组织。在《武林旧事》中,南宋都城临安诸艺人中即有"使棒朱老儿,乔使棒、高三官"的记载,有"使棒"艺人组成的专业性会社——英略社。南宋时代,中国古代冷兵器表演即流行"十八般武艺"的说法。其中,常见艺人表演者无外乎刀、剑、棍、枪四大类。吴自牧的《梦粱录》在谈到民间百戏时,即说有弄枪、舞剑、舞棍、舞刀等表演。可以说,到宋代,冷兵器表演已经改变了唐

《万年青》插图《打擂图》

代以前以剑为主的局面,形成了以舞刀弄棍、使剑玩枪为主,兼及各种兵器表演的繁荣景象。在具有舞蹈特征的"诸军百戏"表演中,即有百余名军士"各执雉尾、蛮牌、木刀,初成行列拜舞,互变开门、夺桥等阵,然后列成偃月阵",扮成村夫、村姑的军士,"各执棒杖,互相击触,如相殴态"。显然,这种由军士表演的百戏属于娱乐性质的武术杂技。

至于宋代民间艺人所表演的武术杂技,更属于娱乐性与商业性合一的一种游艺活动。艺人们在勾栏瓦舍及街头巷尾表演各种刀剑之术、棍棒之技,并以此换得一点零钱来糊口度日。

即使在冷兵器表演上,舞刀弄棍作为一种娱乐性武术,参与表演者并不单单是艺人,那些拥有一定武功的使刀弄剑者也可能因为某种原因而在大众面前露几手。如《水浒传》中所描写的病大虫薛永、打虎将李忠,在

明刊本《水浒传》第 74 回插图

其流落江湖囊中羞涩之时,无奈之下便"使枪棒,卖膏药度日",甚至是"使了一回枪棒,又使了一回拳"。病关索杨雄在蓟州当狱卒时,知府相公经常找他到后花园中表演棍术。这说明,在商品经济极为发达的宋代,娱乐性舞刀弄棍已经成为糊口立命的一种生活方式。

不过,值得注意的是,宋代是一个文弱的时代,一个重文轻武之风越来越浓厚的时代,从而影响武术活动的发展。据说,有个叫陈尧咨的人"善射,百发百中,世以为神"。但他的母亲冯氏却认为这是"一夫之技",甚至对他的儿子连打带骂。朝廷出于巩固统治的需要,也极力禁止民间习武。政和五年(1115),有的大臣上奏:"愚民无知,习学枪梃弓刀,艺之精者从而教之。一旦纠率,惟听指呼,习以成风。"因此,徽宗下令禁止民间习武,"敢为首者,加以重刑"。

就是在这股重文轻武思潮中,以表现力量与技巧之美的举重表演才得以流行,成为艺人赖以糊口的一种手段。在《武林旧事》中,即记载:"举重,天武张;花马儿,郭介"等。这里所提的天武张,所举为石球;"花马儿",指的是搬石礅。在《水浒传》第27回中,即有武松在安平寨搬石礅来证明自己身体已经复原的描述:"武松把石礅略摇一摇,大笑道:'小人真个矫情了,哪里拔得动?'施恩道:'三五百斤石头,如何轻视得它。'武

明刊本《水浒传》第 27 回插图

松笑道:'小管营也信真个拿不起。'武松便把上半截衣裳脱下来拴在腰里,把那个石礅一撇,扑地打下地里一尺来深。武松再把右手去地里一提,提将起来,往空中一掷,掷起去离地一丈来高。武松双手一接,接来轻轻放在旧安处。回过身来,看看施恩并众囚徒,面上不红,心头不跳,口里不喘。"这一撇、一掷一接,既显示了武松力大无比,也说明举石礅当有众多技巧在其中。

不过,从有关记载看,舞刀弄棍之所以能在宋代成为市井之中的一种娱乐性杂技,除市井之民需要这种杂技所提供的精神享受之外,一个重要的技术原因,不仅在于此时的武术表演已经套路化,而且融合进多种技巧性动作,从而使表演更加完美。在《东京梦华录》中,军队所表演的百戏节目即具有浓厚程式化的特征。"有花妆轻健军士百余,前列旗帜,各执雉尾蛮牌、木刀,初成行列。……乐部复动蛮牌令,数内两人出阵对舞,如击剑之状,一人做奋击之势,一人做僵仆。出场凡五七对,或以枪对牌,剑对牌之类……各执木掉刀一口,呈一字阵,两两出阵格斗。做夺刀击刺之态百端讫,一人弃刀在地,就地掷身,背地有声,谓之'板落'。如是数十对讫。"如此将技巧动作融合于兵器对打之中,自然使表演性武术向着可观性和娱乐性迈进了一大步。

兵器的可观性和娱乐性的增强,必然是其实战性和攻击性功能的淡化,这在武术界被称为"花架子""花枪"。因此,《水浒传》第二回说:"花枪,只好看,上阵无用。"明代著名将领戚继光更是一针见血地指出:"凡比较武艺,务要俱照示学习实敌本事,真可以搏打者;不许仍学习花枪等法,徒支虚架,以图人前美观。"由此可见,美观是表演性、娱乐性武术神韵所在,也是舞刀弄棍艺人的追求所在。

作为商业性演出的举重性杂技,无论是刀剑与棍棒之术,还是石礅、石锁与石担等表演,

近代《上刀梯表演图》

当会有更多花样，以便能招徕观众，收到立足江湖之效。明清乃至民国年间，那些闯荡江湖、走街串巷的武艺人，凭借自己的一身力气和烂熟技艺，舞刀剑如同翻江倒海，或泰山压顶，或海底捞月，或对打，或单舞，目的都在于向观众奉献一种惊险刺激和技艺烂熟的享受；耍石狮、石担、石礅，或背甩，或手擎，或肘挎，或拳接，或腰背环绕，或项臂滚动，向观众奉献的同样是力与巧的浑然一体，形与神的完美交融。因此，舞刀弄棍之戏至今仍在盛行。

太极舞剑

第二节 "打把势"

在俗语中,人们习惯于把拳脚和叠罗汉之类杂技表演称为"打把势",并认为,打把势者如同舞刀弄棍者一样,都是杂技表演中的硬功夫。

实际上,俗语所说的打把势表演,在杂技之中除包括拳脚类徒手武术、翻跟头、叠罗汉等身体技巧外,还应包括蹬技、手技、顶技、踩技等技艺。因此,所谓打把势类杂技,其性质应属于身体技巧类杂技。

翻跟头、竖蜻蜓等身体技巧类杂技,当是人类天性中的一种潜在性本能。在情绪达到不能自我控制时,这种潜在本能便可能爆发出来,以翻几个跟头或倒立起来前行一段距离的方式来宣泄自我。因此,在云南沧源岩画中,即有头朝下、人叠人的杂技性形象,当是原始时代人类的一种自发性肢体语言的写照,是人类为宣泄心中的情绪的一种本能。

与人类的这种本能不同的是,后世出现的翻跟头、竖蜻蜓等"打把势"杂技,是经过严格训练而养成的一种技巧性表演,其性

云南沧源岩画《交战图》

质与舞刀弄棍一样,都应属于杂技中的武艺行之列。

起码,在春秋时期,伴随经济的繁荣和城市文化的崛起,促使一些人以打把势之类的身体技巧性表演作为谋生的职业。《列子》中即云:"又有兰子,能燕戏者,闻之,复以干(宋)元君。"何为"燕戏"?晋人张湛注释说:"即今之绝倒、投侠(狭)者。"绝倒,为手倒立;投狭,为鱼跃钻火圈,也就是张衡在《西京赋》中所说的"冲狭"。可见,燕戏是一种难度较高、技巧性较强的杂技表演。尽管,兰子能表演高难度的"燕戏",但是,宋元君并不赏识。看过兰子的表演之后,宋元君"大怒曰:'昔有异技干寡人者,技无庸值寡人有欢心,故赐金帛。彼必闻此而进,复望吾赏。'拘而拟戮之,经月乃放。"由此可见,这个叫兰子的艺人本想凭借自己所掌握的具有高难度技巧的燕戏来换取一点赏赐,没想到碰上宋元君不高兴,不仅对燕戏没有一点兴趣,反而将自己关了一个月。这说明,身怀绝技的技巧性表演艺人在春秋时期已经出现,身体娱乐运动中已经产生了较单纯的自娱性活动更加丰富多彩的他娱性技巧,终于催生了由专门性艺人来表演"燕戏"之类打把势性杂技。

东汉杂技俑

秦汉时代,是一个大一统的时代,也是一个娱乐文化出现第一个高峰的时代。在这样一个时代里,身体技巧性杂技呈现出一个未有过的繁荣态势。张衡在《西京赋》中描述当时长安城中的百戏有"乌获扛鼎,都卢寻橦。弄丸剑之挥霍,走索上而相逢。冲狭燕濯,胸突铦锋"的记载。这其中,即涉及人们已熟悉的"扛鼎""寻橦""弄丸剑""走索"等多种技巧类杂技,还涉及难以理解的"冲狭燕濯"等高杂技。有人认为,冲狭燕濯为一种杂技,为一种以鱼跃的方式钻过刀圈或火圈的杂技表演,即所谓"狭以草为环,插刀四边,使人跃入其中,胸突刀上,如燕之飞跃水上也"。但也有人认为,冲狭燕濯是两种杂技,"冲狭"是一种"卷簟席,以矛插其中，伎儿以身投，从中过"杂技；燕濯则是"以盘水置前，坐其后，踊身张手跳前，以足偶节逾水，复却坐，如燕之濯也"杂技。显然，"冲狭"为钻刀圈（或火圈）式杂技，而"燕濯"则是以翻跟头的方式越过水盘的杂技。只是，在这两种不同解释中，大多数学者认为"冲狭燕濯"为一种杂技，即钻圈。这样，有关翻跟头等身体技巧性杂技则在汉代文献中难以见到文字性记载了。

不过，在出土文物中，有关翻跟头、竖蜻蜓之类的打把势性杂技形象，可谓俯拾即是。山东省济宁所出土的画像石《车骑百戏图》，画面上即有手倒立、弄丸、抛轮等形象，在图的左侧，画有四人五只盘子，有的在盘中倒立，有的在盘中侧身倒，连贯起来当为侧翻跟头过盘子的杂技性表演，应是"燕濯"形象的一种反映。四川成都汉墓中所出土的画像石《宴饮观舞图》，画面中既有高官宴饮场面，也有伎人表演跳丸、抛剑、盘舞、手倒立的形象，特别是图右侧有一悬于空中头朝下的人，两手置于腰侧，当是空翻跟头的写照。这种跟头与将"燕濯"视为鱼跃式空翻跟头

汉乐舞陶俑群

越过水盘是相同的，说明盘子仅是空翻跟头的一种道具而已。

在汉代，艺人表演鱼跃、空翻、倒立、叠罗汉之类徒手身体技巧性杂技较为多见，说明这类杂技当是汉代杂技的主要构成部分。在四川宜宾县汉墓中出土的画像石《百戏图》中，伎人除表演弄丸、抛剑、手倒立外，在图的左下方还有一人手执圆圈，一女伎已跃起，身

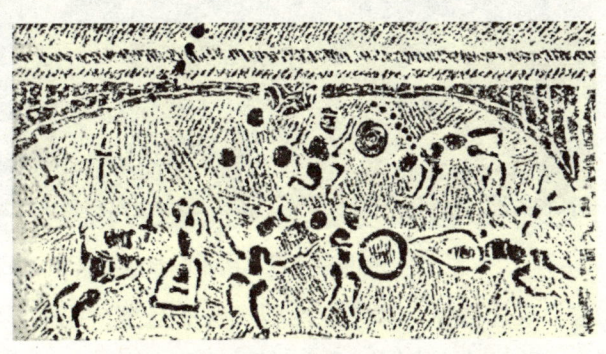

四川宜宾县出土石棺汉画像石《百戏图》

第三章 杂 技 / 83

体在空中呈横直状态，两手在头上交合，正向圆圈钻去。四川德阳县汉墓中出土的画像石《百戏图》，一女伎钻圈则是落地后的形象。在河南南阳市汉墓中出土的画像石《冲狭图》，钻圈女伎也呈落地时屈膝蹲身、衣带向后飘拂的形象。而且，所钻之圈下有一燃烧烈火熊熊的鼎，当为火圈。这说明，汉代杂技中的"冲狭"，所钻之圈有刀圈与火圈之分。

从所出土的画像石中较为多见的手倒立杂技形象，当时的倒立可以有多种。按照倒立所使用的道具分，汉代画像石中的倒立可分为地上手倒立、樽上手倒立、案上手倒立和高橦手倒立等多种，既充分显示了汉代杂技五彩缤纷的特点，又深刻体现了汉代身体技巧杂技已达到较高的技巧水平。

毫无疑问，最为基础的手倒立应为地上手倒立。不过，令人惊奇的是，汉代地上手倒立已注重姿势造型上的变化。地上手倒立，一般造型为两手撑地、抬头、塌腰、两脚过头形象。汉代地上手倒立的造型，以此为基础，派生出两腿过头后左右大分开、身体竖做直柱形、自头至脚弯曲为蛇形等，以表现身体造型之美。河南南阳汉墓出土的画像石《车骑出行万里图》，画面中车骑之前即有一女伎在地上做手倒立，那抬头、挺胸、吸腹、突臀、曲腰、弯腿的形象，呈现出女性曲线之美，具有较高的难度。江苏邳县汉墓中出土的画像石《舞乐杂技图》，画面上有一高一矮的两人在表演头顶头式手倒立。无论是高个还是矮个，身体造型都呈现为软体似圆式姿态。矮个在内呈小圆，高个在外呈大圆，两者组成双层圆，造型极其优美。在济南市汉墓中出土的6个舞蹈俑中，有3个为手倒立舞蹈俑，

河南南阳汉墓出土的画像石《车骑出行万里图》

也呈现为软体、塌腰、两腿过头的造型，同样显示出人体的柔性之美。

除地上手倒立之外，其他各种手倒立皆为使用道具性手倒立。从有关

图像看，汉代使用道具性手倒立主要有以自然物为道具手倒立、以人体为支撑手倒立、以常见生活用具为道具手倒立和借用其他杂技器械为道具的手倒立四种。

以自然物为道具手倒立较少见，可能与表演手倒立场地和周围环境缺乏可以凭借的手倒立支撑自然物有关。不过，这种手倒立在画像石中也并不是不能见到。在河南登封县太室阙汉石刻画《倒立图》中，即有一女伎在一棵小树顶端手倒立的形象。

以人体为支撑的手倒立形象，在汉画像石和陶俑中较多见。这其中，既有下有一人站立为支撑，上有一人手倒立的形象，又有下有一人以手倒立为支撑，上有一人仍为手倒立者，还有下有两人以手倒立为支撑，上有一人为手倒立形象者。这种以人体为支撑的手倒立造型，说明汉代手倒立造型已经达到较高的水平。

嘉祥县武梁祠汉画像石

以常见生活用具为道具的手倒立，在汉画像石中更为多见。所使用的生活器物，有凳子、桌子、鼓、球、樽等。凳子、桌子为生活常见用具，以此种生活用具为道具的手倒立，主要在于增加手倒立的难度。其中，难度最大者当为叠案手倒立。案，即今天所说的桌。叠案手倒立，便是将案一层层地叠摞上去，以增加手倒立的难度和惊险性。在汉画像石中，所见叠案手倒立图像有叠摞3案、4案、6案者，也有叠摞9案、12案者。在四川彭县汉墓中出土的画像石《舞乐百戏图》中，表演手倒立的为一双髻女伎，所使用道具即为叠摞的12案。据《周礼·冬官·考工记》："案，十有二寸。"这

四川广汉县出土汉画像砖

就是说，案在周代高度为 1 尺 2 寸。汉尺长度与周尺相同，长约 23 厘米，案高约为 27 厘米。若以摞起的 12 案为手倒立道具，那么，表演者将在 331 厘米的高空做手倒立动作。这在无保护措施的汉代，其惊险程度可想而知。

樽也是汉代手倒立表演中常使用的一种生活性道具。樽是宴会中使用的酒杯。不过，从画像石图画中人与樽的比例看，这种樽当为手倒立的一种道具。樽上手倒立，多由女子表演，因而显得更加柔美多姿。在同一件樽上参与手倒立者，或一人，或两人。其形象皆为在樽口一边手握倒立，身体侧倒向另一侧。在河南南阳汉墓中出土的画像石《舞乐百戏图》中，画面上有两女伎各在樽一边单手倒立，两脚在头顶上方左右大分开，另一只手则为举杯饮酒状，樽的旁边还放有盛酒的壶。此种手倒立显然是一种以手倒立为主，同时兼有其他表演以增加樽上手倒立美感的杂技。

南阳出土汉画像石《舞乐百戏图》

借用其他杂技器械为道具的手倒立，是以更加惊险的特点而著称的。所借用的杂技器械，主要为橦索和戏车等。橦索和戏车，是汉代伎人表演寻橦走索和戏车之类杂技所用的器具，有时也被用来做手倒立所使用的道具。寻橦高丈余，戏车奔驰如飞，在寻橦和戏车上表演手倒立，一个最大的困难便是难以控制身体平衡，确保双手支点的稳定性。在山东安丘汉墓中出土的画像石《百戏图》中，画面中有一壮汉双手举起丈余高的寻橦，橦竿上有两人向上爬，橦顶横木上有四人倒挂，三人手倒立，惊险异常。可以说，寻橦上的任何一个人失去平衡，或者擎举寻橦者未能把握好寻橦的平衡，都有可能造成表演者从高空中摔下来，轻则发生肢体骨折，重则出现人员死亡的惨剧。

山东安丘出土汉画像石《百戏图》

或许，正是因为手倒立具有较大的危险性，才导致魏晋之时有人反对手倒立这种高难度杂技表演的流行。晋人顾臻为散骑侍郎时曾上书皇帝说："臣观逆行、连倒，头足入笪之属，足以蹈天，头以覆地，反天地之至极，伤彝伦之大方。诸伎而伤人者，皆宜除之。""于是除《高絙》、《紫鹿》、《逆行》、《跂行》、《鳖食》及《齐王卷衣》、《笮儿》等乐，又减其廪。其后复《高絙》、《紫鹿》焉。"这里所说的"逆行"即是手倒立，所说的"连倒"为连续手倒立翻。可见，顾臻是个儒家的卫道士。他以逆行、连倒这类杂技表演违反天高地卑、头上脚下的法则为由，认为不符合"圣上制乐，赞扬政道，养以仁义，防其淫佚，上享宗庙，下训黎元"的目的，应必须予以取缔。

虽然，汉代以手倒立为主要内容的"把势"性表演曾横遭指斥过、取缔过，但整个魏晋南北朝时期并没有绝迹。晋人张湛的《列子注》说："（燕戏）若今绝倒投狭。"晋人傅元的《正都赋》中也有"手戏绝倒"之句。这些文献所说的"绝倒"，即为手倒立。到北朝时，手倒立杂技在崇尚武功的社会氛围中又一次得到恢复。天兴六年（403），"诏太乐总章鼓吹，增修杂技"，使晋代取缔的大部分杂技节目得到恢复。在前秦时，"苻坚尝得西域倒舞伎"。这里所说的西域倒舞伎，即是在刀尖上表演手倒立等各种技巧性动作的杂技。在嘉峪关所出土的《行乐图》中，即有一伎人行走于高空横梯上，身下插有尖刀的形象。南朝时，"又有孙荆玉，能及腰贴地衔得席上玉簪"。这种以身体的柔韧性为特色的杂技出现，似乎已表明，南北朝时，以手倒立为代表的身体动作技巧性杂技已开始向着更加灵巧、柔美的方向发展了。

南北朝墓出土壁画《行乐图》

隋唐时代的身体动作技巧性杂技，便是沿着更加新奇与灵巧的方向发展下去。隋代，有个叫沈光的人，"喜戏马，为天下之最"。吴地有一座禅定寺，寺中有根高十余丈的幡竿，一阵大风，把幡竿上的绳子吹断了，幡也落了下来。这可难坏了寺中的和尚。他们用尽浑身解数，也没有把绳子

新疆出土唐杂技俑

接上,把幡挂上。倒是沈光帮了和尚大忙,把幡挂到竿顶上。只见"光以口衔索拍竿而上,直至龙头,系绳毕,(以腿夹竿),手足皆放,透空而下,以掌距地,倒行数十步,观者骇悦,莫不嗟异,时人称为'肉飞仙'"。从十几丈的高竿上头朝下滑下并在地上倒行,确是一种前所未见的新奇灵巧杂技。

唐代,技巧性"把势"显得更加功夫十足。《独异志》说:"德宗朝,有戴竿三原妇人王大娘,首戴十八人而行。"将18个人的重量完全压在王大娘一个妇道人的身上,足见这种表演的深厚功夫所在。在日本所保存的唐代《信西古乐图》中,有几幅为三四重踏顶倒立形象图,还有两人抓肩倒立、三人戴格倒立形象,动作难度虽不太大,但创意新颖,开创了集体性造型技巧杂技表演的先河。

宋代,为技巧性"把势"开始出现繁荣的时代。在这样一个时代里,专业性表演艺人产生,各种表演项目已经形成基本的套路。属于技巧类的项目主要有"上竿、筋斗、擎戴、拗腰、透剑门"等几类。表演"倒立、折腰、筋斗、过刀门、过圈子"之类技巧性把势的艺人,不仅有在京城勾栏瓦肆中表演的专业性艺人,还有"村落百戏之人,拖儿带女,就街坊桥巷呈百戏技艺,求觅铺席宅舍钱酒之资"。这类走村串巷以表演身体技巧性杂技为生的艺人,不仅丰富了农村的文娱生活,而且为后世某些村落形成技巧性杂技表演的传统奠定了基础。

宋代技巧性把势的繁荣,甚至对元杂剧都产生了较为重要的影响。在杂剧表演中,筋斗成为武戏演员的一种基本性动作,和念唱、道白并列,成为一个武戏演员必须掌握的技艺。在杂剧表演过程中,甚至涌现出一些擅长翻跟头的艺人。

明清时代,技巧性杂技表演达到繁荣的程度。突出的表现便是各种门类的杂技得以问世,杂技表演无论是在城市还是乡村都能见到。所见杂技有顶技、蹬技、手技、车技等,可谓五花八门,无奇不有。

明清时代,技巧性把势表演进一步发展的标志,便是将皮条、杠子等表演器械引进到这类杂技中来。皮条类似今日体操中所使用的吊环,杠子则类似今日体操中所使用的单杠。在这类器械上表演技巧性杂技,不仅需功夫烂熟,而且表演节目需要编排奇特才能吸引观众。因此,杂技行中有"八年皮条,十年杠子"的说法。清人杨静亭在《都门杂咏·皮条杠子》诗中咏道:"三条杠木叉来支,

清代 表演顶碗的杂技艺人

中系皮条分手持,鹞子翻身鸭浮水,软中求硬力难施。"这就是说,皮条表演有静止悬垂、空卧、寒鸭浮水、回环、转肩等多种动作,体现的是技巧与力量的一种美。李静山在《增补都门杂咏·田跛子》中描述杠子表演说:"跛腿何曾是废人,练成杠子更通神。寒鸭浮水头朝下,遍体功夫在上身。"杠子表演的基础是臂力超人,功夫在于手倒立、回环和悬垂等杠上动作要精巧连贯,只要练就绝活,即使是一个跛子也保证能够有口饭吃。在吊环和单双杠等现代竞技体操传入我国之前,古代艺人在漫长的技艺演出实践中便创制出与吊环、单双杠相类似的皮条和杠子等器械,这无疑是一种智慧和创造。

第三节 寻橦与走索

寻橦和走索,可谓古代空中惊险杂技表演的代表,令人瞠目结舌,获得感官刺激之余,无不赞叹杂技艺人演艺的高超绝伦。

寻橦,又称为"缘橦""高橦"等,在汉代也曾被称为"都卢"。

从古文献有关记载中分析寻橦之所以被称为"都卢"的原因,似乎能够看到这种杂技的来源。《文献通考》认为,都卢为国名,其人体轻而善于攀缘,汉武帝时出现"寻橦之戏"。但是,高承的《事物纪原》认为:"都卢,山名,其人善缘竿之百戏。"而《古今图书集成·艺术典》则认为:"汉时有都卢巴俞角抵之戏……都卢乃戏伎之名,体轻善缘高,有跟挂、腹旋之名。"这就是说,"都卢"或为国名,或为山名,或为人名,似雾里花、水中月一样,令人难以分清。这种事实本身即是说,被称为"都卢"的寻橦之戏当为起源于我国西南地区的一种古老表演技艺。

或许,至今仍在我国云南、广西、贵州一带众多民族中流行的爬高竿等活动当是这种技艺的滥觞。

文献记载表明,战国之际,寻橦之戏即已传入中原地区。当时,有个叫秦堇父的人即是以表演攀登高竿而闻名的。

汉代,寻橦之戏已很盛行。张衡的《西京赋》中即详细描述道:

伥童程材,上下翩翻。突倒投而跟絓,譬陨绝而腹联。百马同辔,骋

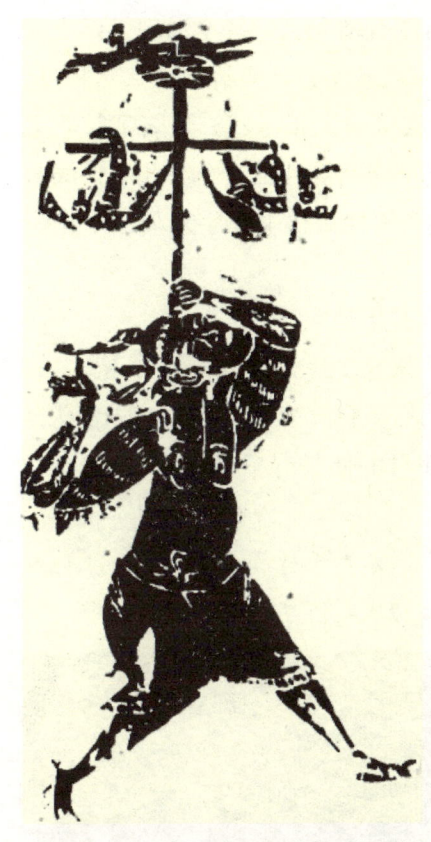

山东沂南汉墓出土画像石《寻橦图》

足并驰。橦末之伎,忐不可弥。弯弓射乎西羌,又顾发乎鲜卑。

从现存汉画像石看,汉代的寻橦之戏多为一人头顶长竿,竿上可有一至三人的表演形式,已具有很高的技巧性和惊险性。

魏晋以后,寻橦之戏发生很大改进。据晋代陆翙的《邺中记》说:"石虎正会,殿前作乐,高絙、龙鱼、凤凰、安息五案之属莫不毕备。有额上缘橦,至上鸟飞,左回右转。又以橦著口齿上,亦如之。"将"橦著齿上",显然增加了寻橦之戏的难度。

北朝之际,寻橦之戏出现了辅助性高竿,即是在主竿之旁再竖立一根较短的竿子。这样,一个表演者可在主竿顶上表演各种动作,第二个或第三个艺人从辅助竿攀缘而上,再跃到主竿上,以便配合主竿上的艺人进行表演。无疑,这种带有辅助性高竿的寻橦之具有更高的可观性、技巧性和难度性,当是寻橦之戏发展的一种重要标志。

隋唐时代,是大一统的时代,寻橦之戏不仅更为流行,也成为一种在市井中演出的主要杂技。因此时的寻橦之戏主要是以头顶竿的方式表演,故寻橦又名"竿木""戴竿""顶竿""立竿"等。

北魏 杂技俑

隋唐之时，寻橦之戏的惊险性与技巧性有增无已，甚至涌现了以表演寻橦之戏而闻名的女艺人。隋炀帝时，"二人戴竿，上有舞者，欻然腾过，左右易处"，惊险异常。唐明皇时，在勤政楼前大张乐戏。著名戴竿艺人王大娘，戴百尺之竿，上置小山，拟方丈、瀛州等神山，令小儿手捧绛节出没其中，且歌舞不停。当时，年仅10岁的神童秘书正字刘晏，奉杨贵妃之令作诗咏王大娘戴竿：

　　楼前百戏竞争新，唯有长竿妙入神。
　　谁谓绮罗翻有力，犹自嫌轻更著人。

八月初五日，是唐明皇的生日，谓之"千秋节"。此日，群臣宴会花萼楼，以百戏助兴，其中，最为令人注目的便是寻橦。张祜《千秋乐》诗云：

　　八月平时花萼楼，万方同乐奏千秋。
　　倾城人看长竿出，一伎初成赵解愁。

唐中叶后，寻橦之戏仍然盛行，表演技艺依旧很高。宝历年间，幽州艺人石火胡即是一位著名寻橦女伎。唐敬宗生日之时，命天下百戏于殿前表演助兴。石火胡携五个才八九岁的养女，于百尺竿上支撑起五条弓弦，五个养女各居一条之上，着五色衣，执戟持戈舞《破阵乐曲》，仰来俯去，赴节如飞，观者无不为之目瞪口呆。石火胡立于十重朱画床上，又令诸女迭踏至半空，手中执五彩小旗，床大者只一尺余，诸女手舞足蹈，踏《浑脱歌》，如履平地。

唐代，因寻橦兴盛，故吟咏寻橦的诗歌不少。有篇《寻橦童儿赋》这样写道：

莫高窟第61窟五代百戏图

……卓绝之技，不为则已，为必令群骇目，驾俗惊耳。观透橦之儿，信其然矣。云竿百尺，绳直规圆。推有力者，树之君前。傅傅就日，亭亭柱天。鬼魅不敢傍其影，鹓鸾不敢翔其巅。此儿于是跂双足，戢两臂，踊身而直上，若有其翅。尽竿而平立，若余其地。人以为难，我以为易。人以为恐，我以为戏。难中有戏，戏中有难。倒轻躯，坠高竿，如更赢之雁下空里，似蒲且之鸽落云间。不识者谓之尚奇好绝，自取其残，眼为之惨，心为之寒……

甚至，有人以寻橦之险警告那些作威作福的权贵。唐代宗时，宰相元载"擅权累年，客有为《都卢缘橦歌》，讽其至危之势，元载览而泣下"。因此，王建有首《寻橦歌》谓：

> 人间百戏皆可学，寻橦不比诸余乐。
> 重梳短髻下金钿，红帽青巾各一边。
> 身轻足捷胜男子，绕竿四面争先缘。
> 习多倚附敬竿滑，上下蹁跹皆著袜。
> 翻身垂颈欲落地，却住把腰初似歇。
> 大竿百夫擎不起，褭褭半在青云里。
> 纤腰女儿不动容，戴行直舞一曲终。
> 回头但觉人眼见，矜难恐畏天无风。
> 险中更险何曾失，山鼠悬头猿挂膝。
> 小垂一手当舞盘，斜惨双蛾看落日。
> 须期改变曲解新，贵欲欢他平地人。
> 散时蒲面生颜色，行步依前无气力。

宋代，寻橦之戏技艺更高，更具可观性。孟元老《东京梦华录》谓：

> 殿前两幡竿，高数十丈。左则京城所，右则修内司，搭材分占，上竿呈艺解。或竿尖立横木，列于其上，装神鬼，吐烟火，甚危险骇人，至夕而罢。

这个表明，宋代寻橦之戏所用竿更高，表演艺人可以做出更为复杂的动作，甚至与魔术或其他杂技动作结合起来，在高空之中，艺人于竿顶完

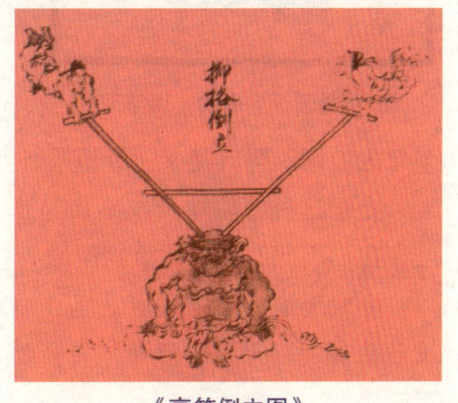

《高竿倒立图》

成一些惊险而滑稽的动作。《宣政杂录》云,宣和初年来开封居住的"辽民"中,"有伎者,以数丈长竿系椅于梢,伎者坐椅上。少顷,下投(泥丸)于小棘坑内,无偏颇之失",并念诗"百尺竿头望九州,前人田土后人收。后人收得休欢喜,更有收人在后头"。

直至明代,寻橦之戏仍然盛行不衰,且竿上所表演的动作也越来越复杂、惊险。据《熙朝乐事》记载,杭州的三月三,为佑圣观北极佑圣真君的生日,"是日,观中有雀竿之戏。其法:树长竿于庭,高可三丈,一人攀缘而上,舞蹈其巅,盘旋上下。有鹞子翻身、金鸡独立、钟馗抹额、玉兔捣药之类,变态多方。观者目瞪神警,汗流浃背。而为此技者。如蝶牌鸦翻,遽遽然自若也"。如此将其他杂技动作与寻橦结合在一起,既强化了寻橦之戏的难度,又增加了寻橦的观赏性,使寻橦之戏达到了一个新的高度。

自明代开始,寻橦之戏发生了分化。于地上竖立高竿者被称为"怕竿"。此类寻橦之戏多为技艺高超者或结成班子的杂技团体予以表演。那些以肩负或头顶高竿表演者被称为"夯竿"或"顶竿",多为街头艺人表演的项目。中华人民共和国成立前,在北京天桥一带练地摊的艺人之中,即多见背负头顶高竿的表演寻橦者。

在古代,恐怕能够与寻橦齐名的高空表演杂技项目即为走索。

《三希堂画谱》中的《顶竿图》

走索,又名"绳伎""高絙""絙戏""踏索""上索""溺巨索"等,犹如今日之走钢丝绳,是又一种惊险性杂技。

走索这种惊险性杂技不知起源于何时,从有关资料看,至迟在东汉即已存在。因此,高承《事物纪原》卷九谓:

今戏绳者,谓上索者是也,亦踏索之事云,非自梁始也……后汉天子正旦受贺,以大绳系两柱,相去数丈,两倡女对舞,行于绳上,相逢比肩而不倾。

汉代 百戏《走索图》

东汉张衡的《西京赋》也说："跳丸剑之挥霍，走索上而相逢。"可见，汉时的走索一般由两人表演，且为女艺人。在汉代壁画中，还有走索人手持刀剑之类器械，在索上表演的形象。

魏晋南北朝期间，文献之中虽然也能见有关走索的记载，但这种高难度杂技表演多属于宫廷表演项目，其名称也依据所使用道具及绳索上表演节目的不同而不同。如用青丝绳为索者，被称为"青丝幢伎"。走索艺人在绳索上手擎花伞，耍奇弄巧者，称为"伞花幢伎"。这说明，到魏晋之时，走索这种高难度杂技表演还没有正式定名。

即使在安史之乱前，走索的性质仍然为宫廷表演项目，民间是难以见到的。有的资料认为，安史之乱后，伶官星散，"外方始有此伎，军州宴会，时或为之"。这就是说，走索这种高难度杂技是在安史之乱后才在民间出现的。

唐代，走索表演已达到很高的水平。表演时，"先引长绳，两端属地，埋鹿卢以系之。鹿卢内数丈立柱以起，绳之直如弦"。表演者自"绳端摄足而上，往来倏忽，望若飞仙"。在走索上所表演的动作，"有中路相遇，侧身而过者；有著履而行，从容俯仰者；或以画竿接胫，高六尺；或蹋肩、蹋顶至三四重，既而翻身有倒至绳，还往曾无蹉跌，皆应严鼓之节，真可观也"。如此描述，其实在汉画像砖中即已见到。

如此精湛的高难度绳伎表演，自然带有极大的刺激

安徽涡县大王店出土汉画像砖《平索戏车图》

古代《绳伎翻新图》

明朝·张宏杂技游戏图

性,从而引来无数文人墨客为之吟诗作赋。据说,唐明皇即非常喜欢观看绳伎表演。开元二十四年(736),为庆祝唐明皇生日,在御楼前设置绳伎,卫士胡嘉隐作《绳伎赋》,说"既如阿阁之舞凤,又如天泉之跃龙,徘徊反复,交观夺目","应鼓或跃投绳,或翔婉娈兮","凌波不足矜其术,行雨未可比其方"。对于这篇言辞"甚宏畅"的《绳伎赋》,唐明皇阅后十分赞赏,高兴之余,便将胡嘉隐提拔为金吾仓曹参。著名文人刘言史也说,绳伎吸引大量观众,"垂肩接立三四层,著履背行仍应节";表演者的动作惊险异常,精湛无比,"危机险势无不有,倒挂纤腰学垂柳",致使"闪然欲落却收得,万人肉上寒毛生"。正是因为绳伎惊险异常,胆小的唐文宗"恶其太险伤神,遂不复作"。

在宋代,走索难度似乎更大,技巧性也似乎更高。不仅艺人在绳索上来回走动,更多的则是在走索之上表演节目。有"索上担水、索上走装神鬼"等。司马光在《走索》诗中描述道:

伎儿欲夸众,喜占衢路交。
击组不厌长,缚竿不厌高。
空中纷往来,巧捷如飞猱。
却行欠肤寸,倒絓连秋毫。

明清时代,走索之类的高空表演杂技项目仍在盛行。只是,这类项目困于需要高超的表演技术以及较多的器材,并不是一般艺人所能够表演的，大都为结成团体的艺人组织所表演。我国著名杂技之乡河北，至今还保留这一高空杂技项目。

至今仍保留的传统项目《高空走索》图片

第四节 戏车与马戏

戏车，是一种展示车辆驾驭技术的娱乐性活动，其基础在于车辆与马匹。中国是较早使用车辆的一个国家，《史记·夏本纪》中即说，大禹治水之时，"陆行乘车，水行乘船"。显然，这是以车辆作为交通工具而言的。在春秋战国时期，战车和马匹的多少则成为一个国家强盛与否的重要标志。于是，"千乘之国""万驷之君"便是对诸侯大国的一种界定。在这种情况下，驾驭马匹则成为一种重要技术而为人津津乐道。孔子周游列国，落魄失意之时便发牢骚说："吾何执，执射乎？执御乎？吾执御矣！"

正是因为车乘的重要，战国时代，赛车便应运而生。据说，赵襄子与他的驭车师傅王子期比赛驾驭马车，结果，比赛三次，都以赵襄子的失败而告终。为此，赵襄子老大不高兴，埋怨王子期没有将驭车真谛传授给自己。可能，这种赛车仅是学习车辆与马匹驾驭技术的教学活动，还不能属于带有游乐性质的戏车范畴。

在齐国，虽有以赛车来赌博的现象，但也不属于戏车的范畴。齐国贵族田忌即常常与齐王以及其他公子哥赌赛车，赌注竟高达千金。只是，由于马匹、车辆和驭手都略逊一筹，田忌往往是输得多赢得少。后来，孙膑投靠到田忌的门下，教他以优选法来赛车，"今以君之下驷与彼上驷，取君上驷与彼中驷，取君中驷与君下驷。既驰三辈毕，而田忌一不胜而再

战国青铜洗《御车》纹饰

胜，卒得千金"。这样，总体处于劣势的田忌竟然以二比一的结果取胜，说明在战国贵族之中已有以赛车为赌博的娱乐性活动。显然，这类赛车活动与战国青铜洗《御车》纹饰是一致的。

"戏车"一词最早见于《史记·卫绾列传》："（卫）绾以戏车为郎。"对于卫绾之"戏车"的含义，诸家注释不一，大致是说卫绾在车毂上跳上跳下，灵巧异常。可见，这是在说卫绾拥有非同寻常的驭车技术，也应不是后来娱乐性戏车表演。

戏车作为娱乐性表演，是在西汉中期以后才出现的。东汉张衡的《西京赋》，所描述的长安杂技表演节目中即有戏车，且是最后的压台性节目："乃建戏车，树修旃，侲僮程材，上下翩翻，突倒投而跟絓，陨绝而复联。百马同辔，骋足并驰，末之技，态不可弥。"李尤的《平乐观赋》描写了角抵之戏，最后的压台节目也是戏车："戏车高橦，驰骋百马，连翩九仞，离合上下，或以驰骋，覆车颠倒。"由此可见，戏车表演不仅规模较大，而且惊险异常。张衡等所说，并非虚构，山东新野县出土的汉画像砖可以为证。

只是，戏车到底如何表演，这些笼统的文字记载难以说明。不过，所出土的大量画像石、画像砖能够弥补这种不足。从所出土多幅画像石、画像砖戏车图像中，既可以清楚戏车表演的难度，也明了戏车表演的惊险。这类图像大体可分为两类：一类为单车之戏；另一类为双车之戏。山东沂南汉墓出土的画像石《宴乐百戏图》中，戏车表演为单车，为三匹马拉一辆车，车厢中有四人吹奏乐器，车上竖立起建鼓和高橦，橦顶有一方盘，盘中有一

《宴乐百戏图》石像

人表演手倒立。河南新野县汉墓出土的画像砖《斜索戏车图》，画面上有两辆车，车各用一匹马拉，车上皆竖立起高幢，前车高幢顶端的横木上有一男子脚钩横木倒挂，两手左右平伸，掌心向上各有一球，球上各有一男童，一站一蹲。后车高幢上端蹲一壮汉，手中握绳索一端，绳索的另一端握在前车上的一男子手中。绳索约呈60°倾斜，上有一赤膊男子踩绳索向上行走。如此高难度表演，既是一种勇敢和冒险精神的体现，也是一种技巧和创造技艺的反映。与在新野县汉墓中出土的画像砖《双车戏车图》一样，都能体现出高超的驾车技艺、马匹训练的有素、双车的协调，以及表演艺人精湛的技艺。

新野县出土汉画像砖《双车戏车图》

　　汉代之后，由于戏车表演具有极大的危险性，这种表演便逐渐消失了。戏车表演，真正成为一种"千古绝活"！

　　就其性质而言，戏车当为汉代达官贵人圈子中较为盛行的一种娱乐活动；而马戏则是一种包括下层社会都能够见到的集娱乐与技巧为一体的杂技性节目。因此，就其生命力而言，戏车作为一种杂技，在汉代即达到极盛时期并迅速走向绝迹，而中国古代的马戏，在汉代仍带有斗兽的特征，到宋代才进入成熟阶段但仍保留较为浓厚博杂与原始的特点。

　　马戏，指的是一类以驯兽来表演的杂技。因所驯之兽有所不同，有时也用于表演的驯兽，名称如"耍猴""教虫蚁"等。

　　汉代即有"马戏"之称。桓宽说："戏弄蒲人杂妇，百兽马戏斗虎。"可见，斗虎也曾被列入百戏。两汉之时，春秋战国时期的战车已被骑兵逐渐替代，马在军事战争中的地位愈加显得重要，即所谓"马者，甲兵之本，国之大用"，而且，"庶人之乘者，马足以代其劳而已。故行则服枙，止则就犁"。这种状况，不仅使马在汉代政务中占有重要地位，而且为马戏之类的技艺性表演奠定了基础。

　　伴随考古文物的不断被发现，两汉时代的马戏表演不仅能够出现娴熟的赛马活动，甚至达到了舞马水平。在山东沂南汉墓中，所发现的被称为《马戏图》的画像砖，实际上应该被命名为带有比赛马的速度以及御马技术性质的《马术图》。

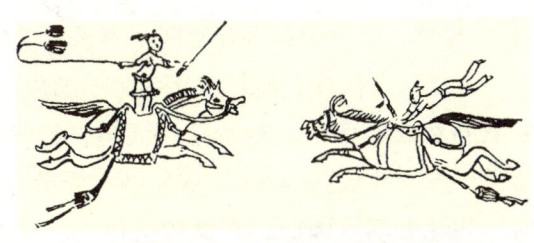
山东沂南北寨汉画像石《马术图》

如果说在河南望都县东汉墓中出土的石骑马俑，反映的是骑蒙古种马进行御马技术表演行为的话，那么，出土的西汉彩绘陶骑马俑，透露的则是汉武帝骑最钟爱的西域汗血马时的御马技艺表演信息。而近

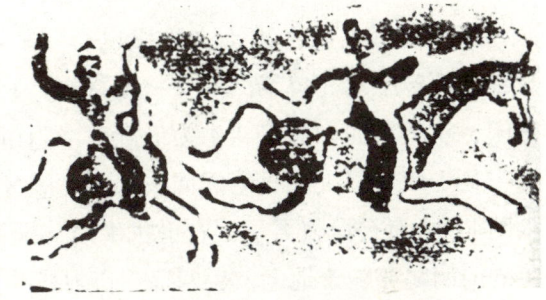
郑州出土汉画像砖《赛马图》

来所发现的汉代舞马俑，显然是骑汗血马进行马步表演的形象。这表明，唐代为皇帝进行献寿马戏表演的舞马，在汉代即已经出现了。

河北望都县出土东汉石骑马俑

西汉彩绘骑马俑

汉代舞马俑

除马戏之外，汉代还盛行斗兽之戏。从有关资料看，斗兽行为起源极为悠久。可以说，在采集狩猎时代，斗兽即应成为人类的一种生产活动。后来，才成为一种显示和颂扬某些人具有超人胆量和能力的行为。据说，夏桀和殷纣都是无道之君，但他们也都是斗兽高手。"夏桀手搏豺狼，足追四马"；"帝纣材力过人，手格野兽"。直至汉代，还有将斗兽用于显示某人能力的现象。据说，汉武帝也曾"旦明下山，骑射鹿豕狐兔，手格熊

黑"。显然，这些记载都存有阿谀奉承之嫌！

不过，汉代社会流行以斗兽为乐的风气则较为浓厚。汉昭帝死后，昌邑王刘贺登上帝位。刘贺荒淫无道，终日沉湎于游乐之中，"驱驰北宫、桂宫，弄彘斗虎"。显然，这里的"弄彘斗虎"为表演性质，是一种纯粹的马戏性表演。因此，在盐铁会议上，文学贤良才指斥社会不良风气说："今民间……百兽、马戏、斗虎、唐锑追人、奇虫胡妲。"

汉代斗兽之风在出土文物中也有反映。到目前为止，所出土的画像石、画像砖中有斗兽场面的文物近百幅，其中既有斗狮、斗虎形象，也有斗熊、斗彘场面，而以斗牛为最多。洛阳市出土的画像砖《猎人伏虎图》，为一壮士双手握虎尾，老虎回头张望，龇牙舞爪。郑州出土的画像砖《斗牛图》，画面有赤膊男子，右手执牛角，摁牛头于地，左手握拳擂向牛头，牛的前两腿屈跪于地上，后两蹄在奋力挣扎。

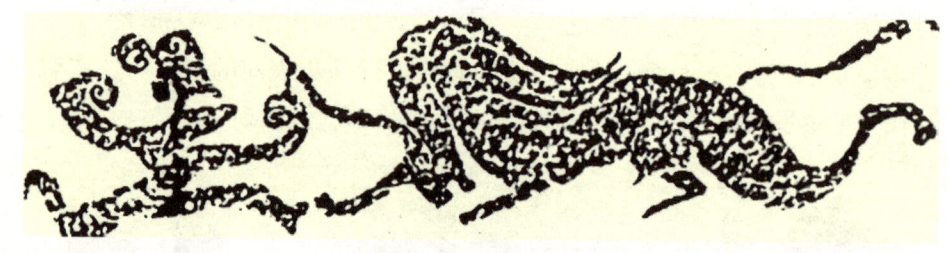

汉代南阳画像石《斗兽图》

魏晋之后，人与兽斗的行为即很少见到。据说，在曹魏明帝时，"于宣武场上为栏斗虎，使力士逆与之博，纵人观之。……虎乘间攀栏而吼，其声震地，观者无不辟易"。恐怕，这是有关斗兽的较迟记载了。

如此斗兽，与驯兽绝不相同，是一种具有极大危险性的行为。因此，汉代有时还将斗兽作为一种惩罚的手段。据说，汉景帝时，有个不识时务的人叫辕固，是个迂腐到家的儒生。他竟然当着崇尚黄老之学、把持朝政的窦太后的面，抨击黄老之学为一钱不值的谬论。因此，一席高谈阔论，惹怒了这位当权的窦太后，辕固不仅被痛骂为腐儒，而且被罚与野猪格斗。一介儒生，哪里能是野猪的对手。当他被赶进猪圈中与野猪为伍时，吓得已经半死，幸亏，汉景帝"知太后怒，而（辕）固直言无罪，乃假固利兵，下圈刺豕，正中其心，一刺，豕应手而倒"。在汉景帝的庇护下，辕固才保住了性命。

无独有偶，著名将领李广的孙子李禹也曾被处罚与猛兽决斗过。在李禹为皇太子侍卫时，因得罪了太监，太监在皇帝面前说了一通他的坏话，"上召禹，使刺虎"。当李禹刚刚被吊进虎圈，脚还"未及地，有诏引出之"。但是，李禹这个犟种对于皇帝的特赦并不领情。他认为，既已进入虎圈，不与虎斗便是懦夫。于是，"禹从落中以剑砍绝累，欲刺虎"。

隋唐时代，具有纯粹意义上的驯兽被用于表演的马戏在历史文献中多有所记载。唐代，即有以舞马为皇帝献寿马戏的表演。据说，唐玄宗时，舞马特盛。百余匹马饰以绮罗，教以舞蹈，在唐玄宗生日千秋节时，或于朝廷宴会之际，以助其兴。届时，

新疆阿斯塔那出土彩绘
女骑舞马陶俑

"内闲厩引蹀马三十匹，为倾杯乐曲，奋首鼓尾，纵横应节。又施三层板床，乘马而上，抃转而飞"。这种能伴随乐曲舞蹈的马，显然是训练有素的特殊马匹，所表演的节目已属于严格意义上的马戏范畴。

如此舞马献寿，引来众多诗人为之讴歌，做出了一些带有阿谀奉承性质的诗文。郑嵎在其《津阳门诗并序》中说："又设连榻，令马舞其上，马衣纨绮而被铃铎，骧首奋鬣，举趾翘尾，变态动容，皆中音律。"张说的《舞马千秋万岁乐府词》将舞马写得更为淋漓尽致：

圣王至德与天齐，天马来仪自海西。
腕足齐行拜两膝，繁骄不进蹈千蹄。
髿鬃奋鬣时蹲踏，鼓怒骧身忽上跻。
更有衔杯终宴曲，垂头掉尾醉如泥。

可见，这些来自海西的舞马已被训练得如同宫廷的舞伎一样，不仅拥有烂熟的舞技，而且带有几分奴颜媚骨。

据说，安禄山也非常喜欢舞马。在安史之乱中，长安被攻占后，唐宫廷中的舞马被尽数送往洛阳，以供安禄山享用。那些训练有素的舞马一听

到金鼓之乐即翩翩起舞。当田承嗣替代安禄山之后，尚存的舞马"一旦于厩上闻鼓声，顿挫其舞。厩人恶之，举篲以击之，其马尚为。怒未妍妙，因更奋击，宛转，曲尽其态。厮恐，以告。承嗣以为妖，遂戮之，而舞马自此绝矣"。

**陕西礼泉兴隆村李贞墓出土
唐三彩骑舞马女俑**

唐人郑嵎所说"舞马自此绝"的结论未免过于武断。在安史之乱后，舞马在宫廷宴会之上仍被使用。贞元四年（788），唐德宗宴群臣于麟德殿，九部乐奏起，"内出舞马"，婆娑起舞，德宗还诗兴大发，"赋诗一章"，群臣纷纷与之唱和。皇帝如此喜欢舞马，臣子必更甚至。陕西礼泉兴隆村李贞墓出土唐三彩骑舞马女俑，便是一种物证。

唐代宫廷之中，不仅有舞马，还有训练大象与犀牛等动物以助兴的现象。每当朝廷祝寿、酺宴之时，"引犀象入场，或拜或舞"，"动容鼓旅，中于音律"。唐代宗时，在麟德殿宴请百官，"蛮夷陪作位，犀象舞成行"。与舞马不同的是，训象不仅用于宫廷宴享朝会，而且已被用于表演，成为真正的"马戏"。神龙元年（705），唐中宗即曾"御洛城南门观斗象"。陆龟蒙在《杂伎》一诗中也说："拜象驯犀角抵豪，星丸霜剑出花高。"这说明，驯象、犀等有时与角抵等百戏一起表演，是一种纯娱乐性杂技。

当然，除大型猛兽之外，唐代也不乏驯养珍禽小兽以为娱乐者。可以说，驯养珍禽小兽的行为在人类历史上已经相当久远了。这是因为，在动物驯化史上，狗和鸡是人类最早驯养的动物。在汉代所出土画像石中，有众多与人在一起的鸟类图形，固然，这些与人在一起的鸟可以被统称为瑞鸟，但是，此时的瑞鸟还没有被用于百戏游乐之中。这种状况到唐代似乎有所改观，那些被驯养的珍禽小兽可能已经被用作百戏的道具。不过，在唐代，既有类似汉代人物与瑞鸟相类似的陕西三原唐李寿墓石椁浮雕《朱雀人物图》出土,也有唐周昉《簪花仕女图》中仕女以狗为宠物形象的图画传世,还有唐墓中出土的驾鸟女俑的面世。这些都表明,驯养珍禽小兽的技术已经相当成熟。因此,以珍禽小兽来作为马戏性杂技的现象在唐代出现也就成为一种必然。

宋代,马戏已成为民间一种主要杂技种类,为市井之民带来极大的乐趣。此时,马戏已能表演各种马术特技动作。骑手们在马上表演"立马""跳马""倒立""拖马""飞仙膊马""镫里藏身"等各种高难动作,令人惊诧不已。此类马术动作,自宋元直至明清期间未曾间断过,尤其在游牧地区更加风行。

而且,在宋代,马戏的含义也开始有所扩展,被引申为包括驯化各种动物以用于杂技表演,从而产生

唐　驾鸟男俑与女俑

宋磁州白地黑花马戏枕

了"教禽兽""教走兽""教飞禽""教虫蚁""教水族"等说法。在所驯养的走兽上,最为流行的当是经过调教的猴子被用于表演。精灵的猴子所表演的百戏,能给市井之民带来无限的乐趣。因此,"耍猴"一词甚至成为马戏乃至其他杂技表演的代名词。此外,当是驯养狗熊、狮子与豹子等动物以用于表演。据说,北宋之时,驯兽表演最为热闹之处为都城开封。欧阳修曾云:"相国寺前,熊能筋斗,望春门外,驴舞柘枝";凶猛的狮豹在

古代《猴戏图》

艺人的调教之下，"坐作进退，奋迅举止"，表现出一派驯服的样子。由此看来，这位见多识广的才子是被翻筋斗的笨狗熊、踏着鼓点跳《柘枝舞》的蠢驴和训练有素的狮豹吸引而惊呆了。当然，欧阳修没有说到的，还有大受人们喜欢的猴戏。

驯养飞禽以用于杂技表演，在宋代也呈现出繁荣的局面。其中，禽鸟认书、乌鸦下棋等节目最令人感到新奇。据说，当时，所驯养的蜡嘴鸟能够"跪拜起立，俨若人状。或使之衔旗而舞，或写八卦名帖，指使衔之，纵横不差。或抛弹空中，飞腾逐取"。甚至，在艺人的调教之下，连蚂蚁也能表演节目：黄、黑两种蚂蚁，"各有大者为之将领，插旗为号，一鼓对垒，再鼓交战，三鼓分兵，四鼓偃旗归穴"。

训练鱼鳖以表演节目，也成为艺人谋生之道。在驯养水生动物所表演的节目中，最为精彩者当是"乌龟迭塔"和"蛤蟆说法"。"乌龟迭塔"节目为："蓄龟七枚，大小凡七等。置龟几上，击鼓以谕之，则第一等大者先至几心伏定，第二等从而登其背，直至第七等小者，登第六等之背。乃竖身直其尾向上，宛

飞禽走表演图

如小塔状"；"蛤蟆说法"节目为："蓄蛤蟆九枚，于席中置小墩，其最大者乃踞坐之，八小者左右对列，大者作一声，众亦作一声。作数声，亦如之。既而小者一一至大者前，点首作声，如作礼状而退。"宋人周密幼年时还曾在汴梁街头见过以驯化水生动物表演"七宝戏"的节目："呈水嬉

者,以髹漆大斛满贮水,以小铜锣为节,凡龟、鳖、鳅、鱼,皆各呼之,则浮水面,戴面见而舞,舞罢即沉。别复呼其它,次在呈伎焉。此非禽兽可以教习,可谓异也。"可见,这也是一种由驯养水族来表演节目的杂技。

不过,真正被称为"马戏"的表演,在民间仍然是指以所驯养和调教的各种大型动物来进行表演项目。固然,此类表演在城乡中较为少见,但是,直至现在也仍然存在。尤其那些猛兽,因较为罕见和带有一定的危险性以及难以驯养与调教性特点,更加能够吸引观众和

1900 年,进入北京的日军在围观江湖艺人驯养老虎表演图片

增加马戏表演的收益,从而成为大型马戏团的保留项目被不断流传下来。在清朝末年,甚至一些江湖艺人也曾经涉足老虎等猛禽的驯养、调教及表演。

可能,困于其他动物的难以驯养,以及中国古代的马戏表演大都表现为单和艺人谋生性活动,并不是大量驯化各种猛兽以群体性表演的马戏性质,从而导致明清时期除少见的几个大型马戏团外,更多则是那些闯荡江湖的单个艺人依靠猴子表演糊口的"马戏"。因此,马戏表演通常被俗称为"耍猴的"。

甚至,在一些地区还保存有类似斗鸡之类带有原始特征的斗牛、斗羊等"马戏"。清人陈其元曾对浙江金华一带的斗牛

近代耍猴图片

予以描述:金华地区,在春秋两季固定的日子中都要举行斗牛会。斗牛前几日,主家要邀请各方来客,以表盛情。斗牛那天,周围村寨的人会聚到赛场,把作为斗牛场的四五百亩水田围了个水泄不通。斗牛出场时,前有

十几人敲锣打鼓，后有数十人护卫，主家牵着头戴大红花、身披大红绸的斗牛来到斗场。两牛怒视一会儿，便各展技巧，以角相抵，只抵得天昏地暗，一牛败走，方才罢休。至今，贵州从江、黎平一带的侗族，还有类似斗牛活动。显然，这是一种带有原始特征的斗牛，所展示的是斗牛的矫健和勇猛，体现的则是春耕与秋获时的动员性色彩。由此可见，这类斗牛与完整意义上的马戏还有着质的区别。

第五节 口技

口技，又名"象声戏"，是运用口腔技巧来模仿社会上和自然界中所存在的各种声音的一种技艺。

口技作为艺人所表演的一种纯口腔技艺，至多在表演的过程中，可能附加一些艺人的身手动作来增强口技艺术表演效果而已。而且，在过去，为强化口技表演的神秘性，表演口技时，可能使用一些简单的道具将艺人隐蔽起来，造成一种仅闻其声而不见其人的艺术效果。大多数情况下，口技表演所使用的道具为一顶帐幔。表演口技的艺人坐在帐幔之中，模仿各种场合中所发出的具有特色的声音，如救火、庙会、婴儿夜啼、百鸟齐鸣等，听众则在帐幔之外欣赏口技艺术表演，因而又称"隔壁戏"。仅凭五尺布帐一张嘴即能有声有色地进行表演的四川相戏，即是一种典型的"隔壁戏"。

凭借五尺布一张嘴闯荡江湖的四川相戏

口技起源很早。据说，孔子"七十二贤"弟子之一的公冶长不仅懂鸟语，而且能模仿鸟语。这可被视为口技之滥觞。

春秋战国之时，口技当已成熟。战国时，孟尝君礼贤下士，招纳门客数千人，成为令强秦都感到威胁的人物。为此，秦昭王两次请孟尝君西入秦。第一次，在门客的劝说之下，孟尝君没有成行，避免了一次被加害的危险。第二次，孟尝君入秦后被昭王任命为秦相。但是，有人谏阻说："贤达的孟尝君是齐国贵族，必定以齐国的利益为重，秦国以孟尝君为相，当是危亡之兆！"于是，秦昭王将孟尝君囚禁起来。孟尝君暗中派人求救于秦昭王的幸姬，幸姬说"得到孟尝君的狐白裘才肯帮忙"。但是，孟尝君已将自己那件世间无双的狐白裘送给了秦昭王。正在孟尝君愁得没法之时，一位门客夜间装作狗，潜进秦宫中，盗出狐白裘，送给幸姬，才得以释放。获得自由的孟尝君改名换姓，混出秦国都城，向东逃去。来到函谷关时，正值半夜。按照规定，函谷关在夜间是不能开关放人的，若要出关，必须等鸡叫之后。孟尝君认为，释放了自己，秦昭王必定后悔，因而追兵即可便至。为此，孟尝君愁得如同热锅上的蚂蚁。这时，手下的一个会鸡叫的门客学起鸡叫来，结果引起全城雄鸡都鸣叫起来。于是，守关秦兵打开城门，孟尝君得以出关。不久，秦昭王所派追兵便赶到函谷关。但此时孟尝君已经走远。可以说，孟尝君得以逃脱，功劳完全在于鸡鸣狗盗之徒。这个鸡鸣之徒，当与周扒皮一样，应属于擅长口技表演的无赖之列，与那些能给人们带来欢乐的口技表演艺人在本质上是有区别的。

汉魏之时，口技虽未进入百戏之列，但在古文献中仍不时见到。据《语林》记载，东汉戴叔鸾是一个大孝子，他的母亲有个怪癖，那就是最爱听驴叫。为令母亲欢心，儿子戴叔鸾经常学驴叫之声。如此一位孝子，孝敬母亲的仅是并不高雅的驴叫之声；如此一位母亲，也确实是一位嗜好水平并不高雅的母亲。

无独有偶，在《世说新语》中，还记载了两则喜欢驴叫的故事：一则是王粲生前好驴鸣，死后，魏文帝率百官前往吊唁，令所有参与送葬的人都做驴鸣状，从而使王粲这位喜欢驴鸣之士在一片驴叫声中被安葬于地下；另一则喜欢驴鸣的故事与此大体相同，说的是孙子荆学驴鸣最为逼真，王武子也最爱听孙子荆学驴鸣，两人甚至因为驴鸣而成为一对难分难舍的好朋友。王武子去世后，孙子荆以驴鸣的方式为之送葬，没想到他所发出的驴叫声使正在号啕大哭的其他送葬者破涕为笑。为此，孙子荆气愤地骂道："诸君为何不死？偏让武子死！"

魏晋南北朝期间存在如此众多有关驴鸣的记载，似乎说明在这个士大夫以放荡不羁本性为追求的时代里,以模仿各种动物鸣叫声为主的口技可能有一个较为繁荣的时期,从而使驴鸣之声成为一种带有时代标志性的口技。

不过,魏晋南北朝时期最值得标榜的口技当为"啸"。

何为"啸"?《说文解字》解释"啸"云:"啸,吹声也,从口,肃声。"郑玄认为"啸"是"蹙口而出声"。宋人曾慥说:"夫气激于喉而浊,谓之言;激于舌而清,谓之啸。"由此看来,啸就是收缩口型以吹的方式发出的声音,当与今天仍然流行的吹口哨差不多。

汉画像石《长箫图》

"啸"这种口技在魏晋以前即已存在。不过,魏晋以前的啸,当是人们表达自己感情的一种习惯。这正如宋人王觥所说:"人有所思则长啸,故乐则咏歌,忧则嗟叹,思则啸吟。"因此,《诗·王风·中谷有蓷》云:"有女仳离,条其歗矣。条其歗矣,遇人之不淑矣。"这里的"歗"字,是啸的异体字。诗中女主人公愁苦无端,情意绵绵,遂以啸声来抒发被遗弃后的郁闷。此类长啸,当与人们吹箫以抒发心中郁闷没有什么区别。因此,汉画像石中的《长箫图》既可作为乐器演奏来看,又可作为长啸口技的寓意图。

自东汉开始,啸除开始成为有识之士表达高远志向不显示名士风范的一种口技外,还被道教、方术之士用作呼鬼唤神之技。东汉王遵曾说:"前计抑绝,后策不从,所以吟啸扼腕,垂涕登车。"王遵的"吟啸扼腕",所表达的是请缨无门、壮志难酬的一腔悲愤。诸葛亮在野之时,"每晨夜从容,常抱膝长啸"。诸葛亮的"抱膝长啸",所透露的是他那卓荦不群的风采和高远宏伟的志向。

到两晋之时,啸开始升华为士林群中表达纯自然人生哲学与率性而动个性的一种口技性音乐。对此做出贡献者,当为魏末晋初的名士阮籍。"阮步兵啸闻数百步。"他"嗜酒能啸,善弹琴"。面对当时严酷的社会现实,他悲愤异常,"啸歌伤怀,独寤去言"。在一次宴会上,面对利剑在手、炙手可热的司马昭,众人唯唯诺诺,"坐席严敬,拟于王者,唯阮籍在坐,箕踞啸歌,酣放自若"。阮籍这种卓尔不群、脱俗超凡的性格,完全糅合在他的一声长啸之中,震撼了权贵,荡涤了世俗。阮籍之啸,合乎音律,"声与琴谐"。这就是说,阮籍之啸并不单单是一种口技,而是已升华为一种合乎音律、能与琴相伴奏的音乐艺术。大概正是因为如此,刘宋的诗人颜延之才在《五君咏·阮步兵》一诗中说:"长啸若怀人,越礼自惊众。物故不可论,途穷能无恸?"

东汉　灰陶口技俑

北朝　口技俑

在阮籍的影响之下,啸成为两晋时代上至朝廷诸公、下至山林隐士的一种表达感情的口技。陈郡人殷融,"饮酒善舞,终日啸咏,未尝以世务自婴"。名士谢鲲,"邻家有女,尝往挑之。女方织,以梭投折其两齿。既归,傲然长啸,曰:'犹不废我啸歌!'"谢鲲这个情种,牙齿被敲掉了两个,仍然因为不影响长啸发音而沾沾自喜。东郡人公子绥,少年时代即显露出很有才华,只是有个口吃的毛病,但他"雅好音律,尝当暑承风而啸,泠然成曲",是啸的行家里手。因此,他在《啸赋》一文中论述了啸的特征:"若夫假象金革,拟则陶匏,众声繁奏,若笳若箫……发徵则隆冬熙蒸,骋羽则严霜夏凋,动商则秋霖春降,奏角则谷风鸣条。"

至唐代,啸这种在魏晋士林之中所流行的口技仍然存在。据说,唐时,有个囚犯被判为大辟之刑,在太守审定时,这个罪犯声称:"昔于群小专习一艺……乃长啸也。"于是,太守令衙役解去他身上的枷锁,让他表

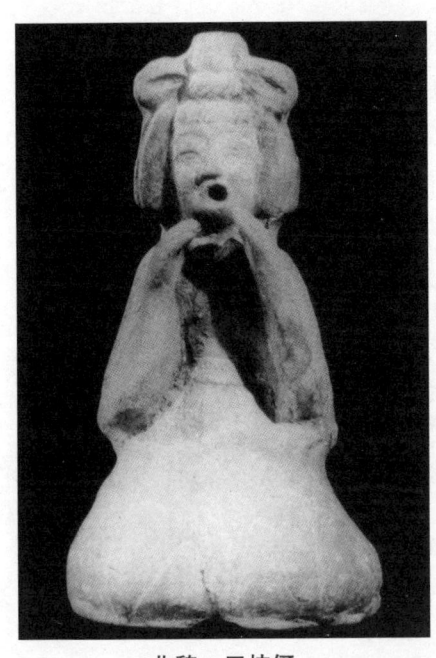

北魏　口技俑

演一番。没想到，这位囚徒的清啸之声响彻云霄，令太守激动不已，感动之余，便赦免了他的罪过。还有一位叫张纶的隐士，穷得叮当响，"独喜题咏，每朗吟长啸，声琅琅然，闻者莫不悚敬，不知其贫"。两位善啸者，一个以啸而被免罪，一个以啸而使人肃然起敬。在此，啸这种口技竟然使执法者放弃了法律的尊严，使口技爱好者大跌眼镜，全然没有看出一个叫花子在玩弄啸这种高尚的口技。

虽然，唐代善啸者已是凤毛麟角，但还产生过唯一一部有关啸的论著《啸旨》。《啸旨》一书由唐人孙广所作，其中，论述了与啸之"十二法"相对应的"十二律"。由此可以推测，唐代可能有被音乐家用乐谱记录下来的《啸谱》。在《新唐书·礼乐志》中，还说，"又有……《命啸》等曲，其声与其辞，皆讹传，十不传二"。这里所说的《命啸》，很可能是根据前人的口技音乐改编而成的。

不过，自唐之后，啸这种口技性音乐艺术便归于寂寥。在此之后，可能，自此之后，"啸"又回归为一种市井民众常常吹口哨的行为。河南焦作西冯封村出土了金代吹口哨俳优陶俑，当是将口哨作为演艺技术的一种生动体现。

不过，在啸作为一种口技音乐艺术逐渐销声匿迹之时，一种新的口技又登上唐代娱乐的大雅之堂。这就是历史文献中所说的"啸叶之乐"。"啸叶，衔叶而啸，其声清震，橘柚尤善。"显然，所谓的"啸

河南焦作西冯封村出土
吹口哨俳优陶俑

第三章　杂技／113

叶之乐"，是借助树叶作为发音工具而吹奏出各种美妙动听的音乐。这种"啸叶之乐"应属于口技的一种，不仅在当今曲艺舞台上还有表演，而且在民间也还时能见到。湘西武陵苗家男女青年在"赶边边场"活动中，即存在以吹奏木叶哨谈情说爱的现象。如有首《相认歌》这样唱道：

小伙：山路好走铺岩砂，前头去了一枝花。
　　　骑匹骏马追不上，唱支苗歌拦住她。
姑娘：苗山木叶细微微，口问阿哥可会吹？
　　　你若吹得木叶哨，只动木叶不用媒。

宋代　以鸟为师《口技图》

到宋代之时，伴随城市商品经济的发展，口技才成为市井百戏中的一个单独性杂技节目而引起人们的注意。据《东京梦华录》记载，北宋时，集英殿的山楼上，教坊艺人表演口技节目，"效百禽鸣，内外肃然"，只听见半空中百鸟和鸣，宛如鸾凤翔集。如此表演，同当今所流行的口技表演并没有多大区别。

明清之时，口技在市井之间大为流行，甚至涌现出周德新、陆瑞白那样的著名口技艺人。周德新为明代长洲人。据说，此人是著名小说家褚人获的老师。他是一位擅长口技的人。他表演士兵操练节目，依据抚军进入校场、鸣炮、比试武艺、杀敌献俘、放炮出征的次序予以表演，核准声音无不惟妙惟肖，听者如身临其境。

清代人称口技为"象声戏"。徐珂谓："顺治时，京师有象声之戏者，其人以尺木来，隔屏听之。一音乍发，众响渐臻。时方开市，则廛主启门，估人评物，街谈巷议，牙侩喧呶，至圩散而息。或为行围，则军帅号召，校卒传呼，弓鸣马嘶，鸟啼兽啸，至猎罢而止。自一声两声以及千百声，喧阗杂沓，四座神摇。忽闻尺木拍案，空堂寂如，展屏视之，一人一几而已。"

甚至，在清代，涌现出一些以表演口技见长的艺人。有个叫陆瑞百的艺人，即是擅长于口技的表演者。他长于模仿多种音响，既能模仿铜锅铜碗铜大缸的声响，也能模仿群猪抢食的嚎叫，更长于表演僧人作水陆道场时的各种鼓乐之声。民俗学者张树芳所绘《旧城逸事》中的王三，也应该是一个当地小有名气的口技表演者。

张树芳《旧城逸事》长卷中的
《王三在北人字街表演口技图》

直至今天，口技还是一种重要的表演艺术而被保留在曲艺舞台上。甚至，这种表演艺术还被相声等曲艺纳入其中，成为丰富相声表演艺术的一种重要的内容。

实际上，相声中经常使用的绕口令即是由口技派生出来的表演艺术。绕口令，又称"拗口令""吃口令""急口令"等，原本是古代流行于社会下层酒席间的一种语言游戏。这种语言艺术始见于唐代，此后不断发展，成为一种诙谐而活泼、节奏感较强的语言艺术。绕口令有两种形式：一为对偶式，特点是两句对偶，平行迭进，如"十四四十四十四，十四是十四不是四十，四十是四十不是十四""东洞庭，西洞庭，洞庭山上一根藤，藤条头上挂铜铃。风吹藤动铜铃响，风停藤定铜铃静"等；二为一贯式，特点是一气呵成，环环紧扣，句句深入，如"墙上一根钉，钉上挂条绳，绳下吊个瓶，瓶下放盏灯，灯下有个瓮。掉下墙上钉，脱掉钉上绳，滑落绳下瓶，打碎瓶下灯，砸破灯下瓮。瓶打灯，灯打瓮，瓮骂

著名相声演员侯宝林、郭启如演出图片

灯，灯骂瓶；瓶骂绳，绳骂钉，钉怪绳，绳怪瓶，瓶怪灯，灯怪瓮。叮叮当当当当叮叮，乓乓乓乓乓乓乓乓""不吃葡萄不吐葡萄皮，吃了葡萄才吐葡萄皮"等。此类绕口令极富情趣，能够训练人们的口齿、发音和语言表达能力，也应属于口技之列。

第六节 幻术

古代所说"幻术",今日学名为"魔术",民间俗称为"变戏法""撮戏法""耍藏掖"。

在我国,幻术可能拥有较为悠久的历史。传说,在公元前16世纪的夏朝末年,夏桀所喜爱的倡优妇人常为"奇伟之戏"。这里所说的"戏",并不是后世所称的"戏剧",而是包含魔术在内的百戏。

西汉既是一个大一统的时代,也是一个我国魔术大发展的时代。被称为幻术的戏法与魔术,主要来自西域。因此,古人才认为:"大抵散乐杂戏多幻术。幻术皆出西域,天竺尤甚。"这种大一统的局面,从而使以手技为特长的幻术在汉代异军突起有了一个坚实的基础。

云南晋宁石寨山滇人墓出土
西汉佩剑弄碟青铜盘扣饰

幻术以其惊世骇俗的高超技艺而赢得人们的喜好,自汉代由西域大量传入之后便兴盛不衰。汉武帝时,未央宫中即曾有过幻术表演:"其云雨雷电,无异于真。画地为川,聚石成山,悠忽变化,无所不为。"

张衡有首《西京赋》,其中较为真实地记载了东汉期间都城中的幻术

第三章 杂 技 / 117

汉代　手技俑

盛况:"吞刀吐火,云雾杳冥。画地成川,流渭通泾。东海黄公,赤刀粤祝。冀厌白虎,卒不能救。挟邪作蛊,于是不售。"这里所说的黄公,年轻时曾练过法术,能制服毒蛇猛兽。他擅长的杂技不仅有手搏、摔跤等,还有幻术和驯兽等节目。继黄公之后,在汉魏之际,还出了个"辽东妖妇",也是一个能表演杂技、舞蹈和幻术的女艺人。

在《后汉书》中,还极其生动地记述了东汉末年有个叫左慈的方士表演的幻术。左慈所表演的幻术共有空竿钓鱼、盆中生姜、酒脯搬运和人从土遁四个节目。这几套充满新意、惊世骇闻的幻术节目,使在场的人都为之惊叹不已,著名枭雄曹操惊恐万分,认为此人何等了得,想杀掉他以绝后患。不料,左慈看透了曹操的心思,使了个障眼法,土遁而去。固然,《后汉书》有关左慈的描述神乎其神,但其所表演的风格洗练、变幻精巧的有趣幻术,已经达到了技艺精湛、出神入化的地步,代表了幻术在东汉末年的最高水平。

幻术所具有的神秘性,在谶纬神学盛行的两汉杂技节目中得到较为充分的体现,被视为汉代百戏之祖的"鱼龙曼延"这一节目即带有浓厚的神秘特点。自古以来,中国人对于龙即很有感情,在《周易》一书中,仅乾卦中就有"潜龙勿用""见龙在田""飞龙在天""亢龙有悔""乘六龙以御天"等语。龙作为中国信仰中的一种重要神物,既具有千变万化的秉性,又带有上天入地的神性,自然成为幻术中的一种重要节目。据说,汉武帝即非常喜欢鱼龙曼延之戏。张衡在《西京赋》中描写鱼龙曼延之戏说:"巨兽百寻,是为曼延","海鳞变而成龙,状蜿蜿以蝹蝹"。李善注曰:"作大兽,长八十丈,所谓蛇龙曼延也";"初作大鱼,从东方来,当殿前而变作龙"。这种鱼龙曼延之戏,既体现了古人阴阳变化与崇尚祥瑞的观念,又反映了幻术在诞生之初所带有的神秘特征。

鱼龙曼延之戏,至隋唐仍然盛行。历史上的著名暴君隋炀帝便酷爱此戏。每当重大节日或宴请群臣及外来贵宾时,鱼龙曼延即成为必不可少的

山东沂南汉代画像石《鱼龙曼舞图》

表演节目。如大业五年（609），高昌王麹伯雅来朝，伊吾吐屯设等献西域数千里之地，隋炀帝欣喜之余，在风行殿"设鱼龙曼舞，宴高昌王、吐屯设于殿上，以宠异之，其蛮夷陪列者三十余国"。大业11年，"大会蛮夷，设鱼龙曼延之乐"。在唐代，宫廷举行鱼龙曼延之戏甚至成为一种定制："三二岁，必于春时内殿赐宴宰辅及百官，备太常诸乐，设鱼龙曼延之戏，连三日，抵暮方罢。"唐中宗时，人日宴于大明宫，演出鱼龙曼延。唐明皇时，鱼龙曼延之戏演出时，还具有"伐鼓鱼龙杂"的特点，说明此时鱼龙曼延演出之时还伐鼓以助兴。直至晚唐时，西汉时代兴盛的鱼龙曼延之戏还仍有存在。

幻术自西域东来的活动，到魏晋之时仍然不断。据说，晋永嘉中，有个长于幻术的天竺胡人来到江南。他的断舌吐火节目最拿手，所到之处，围观者人山人海。在表演此节目时，他先将自己的舌头割下，取出给围观者查看。然后，将割下舌头剖开，并将鲜血直流的舌头用火烧炙，再将烧炙后的舌头放置于器皿之中，让围观者查验。之后，将割裂、烧炙的舌头放进口中，声言能够接合复原。之后，便张开口让围观者

北齐黄釉瓷扁壶花心现人魔术表演图案

查看已经复原的舌头。接着,口中便喷出一团团火来,围观者无不惊叹叫绝。这位天竺胡人还能将一根割断的布匹接合起来,能将燃烧过的书纸、绳索、丝缕之类物品复原。如此精湛的魔术,不仅使人们眼界大开,而且对中国杂技艺术的丰富与发展起到了积极的作用。

古代魔术《吞刀图》

魏晋南北朝期间,佛教与道教盛行,从而为幻术的兴盛提供了一个较为适宜的时代氛围。在此期间,不少名僧和道士运用幻术来达到传播宗教的意图。据说,西晋之时,有个叫鸠摩罗什的名僧,为姚兴所迫,曾与十个妓女发生过性关系,导致众多佛教徒纷纷仿效他的行为,以致佛门规矩大坏。无奈之中,鸠摩罗什不得不施行"聚针盈钵"幻术,以求告诫众僧。他"举匕进针,与常食不别"。这种幻术即是后世常见的吞针魔术。表演完吞针魔术之后,鸠摩罗什郑重地宣布,谁若能吞下针去,谁就可以破戒娶妻。众僧方才"愧服",再也不敢破戒娶妻。

东晋之时,宫廷中盛行一种被称为"凤凰衔书"的幻术,也与社会崇尚神秘这种氛围有关。据说,东晋所有皇帝几乎人人喜欢观看"凤凰衔书"这种幻术。实际上,所说"凤凰衔书"这种幻术,是一种并不存在高难表演技巧的幻术。整套幻术全凭机关巧妙,能使一只木制的凤凰在高空中飞翔自如,然后落在观者的面前,可从凤凰口中取出事先写好的吉祥祝词和敕书等,以求讨个吉利,或显示皇帝的恩德。

隋代,幻术仍是宫廷表演的重要节目。据说,隋炀帝时所表演的"黄龙变"便是一个令人惊叹不已的幻术性节目。大业二年(606),为炫耀国力,隋炀帝召集四方散乐,邀请边疆民族首领前来观看百戏表演,"有舍利兽先来跳跃,激水满衢,鼋鼍、龟鳖、水人、虫鱼,遍覆于地。又有鲸鱼喷雾翳日,倏忽化成黄龙,长七八丈","又有神鳌负山,幻人吐火,千变万化"。这种类似鱼龙曼延的"黄龙变"幻术表演,甚至令突厥启民可汗瞠目结舌,骇然失色。

唐代作为一个大一统的时代,来自国外的各种幻术不断传入。尽管,唐高宗厌恶幻术惊人,曾敕西域关津严防传入,但具有惊世骇俗之效的幻术仍然不断涌进中原,赢得民众的喜欢。唐睿宗时,婆罗门献乐,"舞人倒行,而以足舞于极铦刀锋,倒植于地,低目就刃,以历险中。又植于背下,吹筚篥者立其腹上,终曲而亦无伤"。来唐长安谋生的婆罗门艺人,"每于戏处,乃将剑刺肚,以刀割舌","吞刀之术斯妙,吐火之能又玄。咽却锋芒,不患乎洞胸达腋。墟成绝赫,俄惊其飞焰浮烟"。

在外来幻术艺人的影响之下,唐代成为一个幻术大师辈出的时代。有一个叫米宝的艺人,能在长尺余、宽二寸的蜡烛上施五色光,显现出殿台楼榭的仙境来,彻夜不灭。他甚至能让枯树开花,所绘之龟能摇头摆尾,蹒跚而行。只是,历史的不公在于,如此一个幻术超群的表演艺术家竟然没有爬上魔术祖师爷的宝座,倒让唐末的吕洞宾戴上魔术鼻祖的桂冠。

宋代,伴随城市商品经济的发展和市井之民数量的增多,与宫廷杂技开始逐渐衰落所不同的是,市井杂技却进入了一个繁荣的时代。在这种时代氛围之下,不仅

魔术鼻祖吕洞宾

幻术在杂技中取得了独立的地位,而且从事幻术表演的专业性艺人也随之问世,促使魔术演艺水平达到精湛的地步,涌现出一些可以名垂青史的魔术表演大师。其中,最为著名者当为一个名叫杜七圣的幻术师。据说,杜七圣所表演的幻术能达到杀人复活的境地。表演时有七人参与,身上皆画有纹饰。这些表演者在点燃爆竹后的烟幕中披头散发,手持兵器相互格斗,直杀得血肉狼藉,表演者个个皆被剖腹剜心,身首异处,令人不堪入目。但是,杜七圣能使被杀者"死而复活"。因这种幻术惊险无比,当时只有杜七圣一人可以表演,故被称为"七圣法"。"七圣法"对于宋代

宋苏臣绘《幻术戏童图》

幻术的发展影响甚大，甚至成为宋代幻术的一个著名流派。对于这种幻术，朝廷视为"邪法"，绍兴六年（1136），明令予以禁止，凡是"割藏肢体，刳剔肠胃，作场惑众"者，都要受到严惩。

除杜七圣之外，洪州有个叫胡曹赞的人，也应是名噪一时的幻术表演艺术家。胡曹赞身长八尺，知书而多慧，以倡优为职业，擅长于各种谐戏谑曲，又善于"水嬉"。他所表演的"水嬉"，实际上是一种幻术。表演时，胡曹赞从百尺高的桅杆上跃入水中，浮出水之后，如同在茵席一样端坐在水面之上，悠闲自得之态令人叫绝不已。他还能穿着靴子在水面上滑行而不下沉。有一次，他叫另一个人将自己装在一个口袋中，捆扎之后投入水中。他不仅能够漂浮在水面之上，而且能解开捆扎口袋的绳索而回到岸上。观者为之瞠目结舌，但无人能解释其中的奥妙。

由于专业性幻术表演艺人的辈出，使当时较为先进的科技知识运用于幻术表演之中，促使宋代的幻术无论在技法上还是种类上都达到了一个新的高度。可以说，宋代幻术已发展到项目众多、变化无穷的境地。尤其是魔术中的手法魔术、小魔术撮弄和搬运魔术藏挟等，已经达到炉火纯青的地步。对此，刘筠的《大酺赋》记载了众多幻术节目，有"吞刀璀璨，吐火萤煌，或歕气而为雾，或叱石而成羊"，还有"画地川流""移山列岫""神木长果""灵草发芽"等，都无不令人叹为

宋元戏法艺人
（临摹自山西右玉宝宁寺水陆画）

观止。

在幻术兴盛的前提下,对于幻术奥妙的理论性探讨,也在宋代出现。有的人甚至指出,这种杂技的真谛在于一个"藏"字,因而又被称为"藏去之术"。宋人吴自牧即说:"此艺施呈,委是奇特,藏去之术,则手法疾而已。"蔡绦也说:"元丰中,有艺人善藏舟,用数十人举置之,当场万众不见","上下莫不骇异"。宋神宗高居御楼之上,一眼看破:"其人但行,往来箍舟上耳。"

明清期间,魔术的社会地位迅速下降,被称为"把戏"或"戏法"。宫廷之中,已很难见到魔术表演。表演魔术的艺人为求取生存,或跋涉江湖之上,云游四海之间,或困守闹市之区,占据街头巷尾,在游人密集之处扯圈子变戏法,以换得看客的一点舍施。这种表演形式,被称为"撂地摊"。即使在此形势之下,清人唐再丰总结前人对于魔术理论及手法研究的成果,终于写成集古代魔术之大成的《鹅幻汇编》,为后人留下一份宝贵的文化遗产。

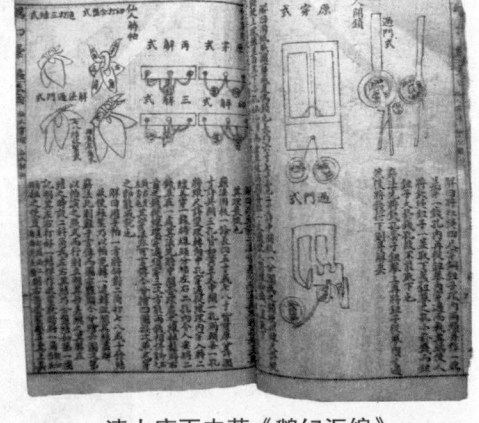

清人唐再丰著《鹅幻汇编》

为求得一口饭吃,民间艺人所表演的幻术节目还是较为丰富的,技法也堪称精湛。当时盛行的幻术节目主要有筒子、土遁金杯、平地拔杯、天宫偷桃、空中遁鱼等。清代著名文人纪昀在其《阅微草堂笔记》中即记述了他童年时所看过的一些幻术表演。其中,最令他难以忘怀的便是"空中遁鱼"。艺人将筵席上的一碗鱼随手抓起来抛向空中,瞬间,碗和鱼便踪影全没。艺人告诉观众说,碗和鱼已经"飞"到某某家书房的书橱中去了。此人回家拉开书橱一看,只见鱼和碗都在,

**清末有名魔术表演者
快手刘和张宝忠在天桥卖艺情景**

只是鱼被盛在一个扁盘子中,扁盘子被放在碗中。这只扁盘子原来是装佛手用的,位置也不在书橱中。显然,纪昀所见到的"空中遁鱼",是一个设计极其严谨,组织极为周密的幻术,充分显示了当时幻术所能达到的水平。

明代后期,西洋魔术开始传入我国,再与中国传统幻术相融合,使幻术进入了一个新的发展阶段。据《利玛窦中国札记》记载,有种"变胶泥人"的幻术最为著名:一个小男艺人在台上佯装摔倒,在即将倒地之时变出一个与小男艺人一模一样的胶泥人。胶泥人从小男艺人的双脚中爬出来后,模仿小艺人的舞步,与小艺人摔跤,两者在舞台上翻滚厮打,滑稽有趣。清代,《清稗类钞》中记载了一种"斩人复活"幻术:"有一人携一幼童,立于中央,手持一刀,令童伸二臂,皆斩之。既,复斩其二足二腿及头,置坛中。须臾破坛,小孩复活。"这表明,中国古代传统幻术在汲取西方魔术技艺之后,上升到了一个新的高度和水平。

只是,近代的中国已国势衰败,千孔百疮,国将不国,民将不民,魔术表演者连饭都吃不饱,哪里还有心思探索中国魔术的发展之路?

近代街头以变戏法为生者的表演者

第七节 傀儡戏与皮影戏

现在，皮影戏与傀儡戏是戏曲与杂技相结合的一类表演艺术。由于戏曲在原始状态时被归类为百戏，因而皮影戏和傀儡戏一起被列入杂技。

皮影戏是一种初以纸为原料剪制各种人物形象，取其影子进行表演的艺术，故也被称为"影戏"。纸质材料容易损坏，后来即以皮革为原料制作，因而才被称为"皮影戏"。高承的《事物纪原》认为，此戏之源可追溯到汉武帝时。不过，他又说："历代无所见。宋朝仁宗时，市人能谈三国事者，或采其说，加缘饰，作影人，始为魏、晋、蜀三分争战之像。"

皮影戏表演图

从有关迹象分析，汉代的某些喜庆场合，已开始存在傀儡戏表演。《风俗通》佚文说："时京师宾婚嘉会，皆作傀儡，酒酣之后，续以挽歌。"在婚宴等喜庆场合，表演傀儡戏，还要唱用于丧葬的挽歌，这似乎令人费解。原来，傀儡本来即是一种用于丧葬的乐舞。刘昭注《后汉书》谓："傀儡，丧家之乐。"高承《事物纪原》说："今丧葬家于圹中置桐人，有仰视俯听，乃蒿里老人之类。"可见，傀儡原本指为葬丧所用陶俑、木俑等明器。因此，郑玄注释《礼记·檀弓》"谓为俑者不仁"一语说："俑，人也，有面目，机发似于生人也"；"机械发动踊跃，故谓之俑也。"《广韵》引《埤苍》也说："俑，木人，送葬设关而能跳踊，故名之。"这就是说，自春秋战国时期用于陪葬的俑出现之际就应该在能够活动的原始"机器人"。由此可见，"傀儡"一词原来本义当是指用于丧葬的可以活动的俑。

自汉代之后，被用于丧葬的俑这种明器开始带有了娱乐成分，也并非单单在于祭奠死者，已开始用于活人的聚会。对此，杜佑说："窟儡子作偶人以戏，善歌舞，本丧乐也，汉末始用之于嘉会。"丧葬之时以傀儡为乐，目的在于"娱尸"。至今，在陕西汉中宁强、南郑一带，丧葬之时，还存在表演"端公戏""羊皮鼓""穿花""莲花碗""跑桥"等歌舞的现象，当是这种古老风俗的一种遗留。与丧葬所不同的用于活人的傀儡之乐，目的在于"娱人"，是一种纯粹的娱乐性质。就是说，被视为杂技的傀儡之戏是由被用于丧葬的傀儡之乐演变而来的，是带有宗教性质的"娱尸"向纯娱乐性质的"娱人"过渡后的一种产物。

战国韩墓出土牺背立人筵

山东省沂南县北寨村汉墓俑

不过，汉代之时，人们对于丧葬活动中以俳优来表演乐舞还是非常反感的。因此，汉儒们才在盐铁会议上激烈地抨击世风不古说："今俗因人之丧而求酒肉，幸与小坐，而责办歌舞俳优，连笑伎戏。"这说明，起码自汉代开始，俳优之乐与作为一种丧乐的傀儡已经带有开始混淆在一起的特点，傀儡之乐已迈出了向现实生活之乐过渡的步伐。

因此，汉代之时，在丧葬仪式中，当一些人试图以"俳优"表演来替代傀儡时，自然可以被指斥为奢侈腐化的一种罪证。据说，昭帝去世之时，众大臣弹劾昌邑王，罪名之一便是他在昭帝灵柩未入葬便动用公私乐人，"击鼓歌吹作俳倡"，送葬归来又在上林苑牟池旁"鼓吹歌舞，悉奏众乐"。由此可见，在西汉中期，在人们的观念中，傀儡之乐与俳优表演还是存在一定性质上的不同的。由此，可以想象，那些出土于墓葬中的汉代优伶俑，其中有一些当与归葬之时的傀儡性俳优形象是有共通之处的。

汉代　抚琴俑

魏晋南北朝时期，是一个追求各种技巧的时代。在这个时代中，各种"机器人"相继问世，不仅为傀儡戏的繁荣奠定了基础，也使傀儡之戏开始摆脱丧葬之乐的性质而变成一种真正的生活娱乐。传说，诸葛亮曾造过木牛流马，葛洪曾造过"飞车"等。在这股思潮的支配下，出现了众多诸如演唱木人、捕鼠木人、开门木人、锁门木人、舂米木人、烧香木道人、计程木人、驾船木人、斟酒木人、舞蹈木人、汲水木人、方士木人等，不仅使魏晋南北朝时期的中国科技呈现出摆脱经学束缚而带有理性思维的一种特点，也使这个时代成为傀儡戏发展的一个时代。据说，三国时代，魏明帝即是个非常爱好傀儡戏的人。有人曾向魏明帝进献了一些小玩意儿，其中就有木傀儡戏。可惜的是，这些木傀儡戏只能凭借人力来摆弄，还不能自己表演。为此，魏明帝询问当时著名的发明家马钧："你有没有办法将这些木傀儡戏自己动起来？有没有办法增加一些新

漳州所雕刻的木偶道具

的技巧使之更加奇妙？"马钧回答："可以。"于是，便创制出能够自动的"水转百戏"来：

以大木雕构，使其形若轮，平地施之，潜以水发焉。设为歌乐舞象，至令木人击鼓吹箫。作山岳，使木人跳丸掷剑，缘绠倒立，出入自在，百官行署，舂磨斗鸡，变巧百端。

这是一种创造，是科技的发展，同时，也为傀儡戏和后世的木偶戏的发展提供了技术支撑。

不过，直至唐代，傀儡仍有被用于丧葬的现象，甚至能干扰正常丧葬程序。"大历中，太原节度使辛云京葬日，诸道节度使人修祭，范阳祭盘最为高大，刻木为尉迟鄂公突厥斗将之戏。机关动作不异于生。祭讫，灵车欲过，使者请曰：'对数未尽。'又停车设项羽高祖会鸿门之象，良久乃毕。缞绖者皆手擘布幕，收哭观戏。"在这里，傀儡虽仍被用于丧葬，但所具有的表演技巧却与傀儡之戏没有什么区别了，因而才具有了"收哭观戏"的效果。

宋代，是市井文化崛起的时代。伴随市井文化的崛起，被列入戏剧之列的傀儡戏也进入了民众的娱乐生活。在宋代，傀儡之戏即为"木偶戏"，可有若干种类。有艺人以线提牵傀儡表演者，被称为"悬丝傀儡"；用木棍操纵傀儡表演者，被称为"杖头傀儡"；以手擎儿童表演者，被称为"肉傀儡"；表演过程中，爆炸火药以增强音响效果者，被称为"药发傀儡"；在船上或水面之上表演者，

宋 《傀儡戏图》

被称为"水傀儡"。水上表演的傀儡戏,"雕刻鱼龙之质,应乐鼓舞,随波出没",更是别有一番风趣。

宋人将以纸或皮革做成傀儡模样表演傀儡之戏者,称为"皮影之戏"。宋代,为皮影戏成熟的时代。弄皮影戏者,"初以素纸雕簇,自后人巧工精,以羊皮雕形,用以彩色妆饰,不致损坏","公忠者雕以正貌,奸邪者刻以丑形",以寓褒贬之意。表演时,艺人边讲唱有关故事内容,边摆弄各

古代孩童表演《皮影戏图》

色人物,透过光的折射,在布幕上形成具有一定艺术效果的影像。这种影戏甚受观众的喜欢,甚至出现了"儿童宣呼,终夕不绝"的现象。时人写诗赞赏此戏曰:

> 三尺生绡作戏台,全凭十指逗诙谐。
> 有时明月灯窗下,一笑还从掌握来。

傀儡戏作为一种戏曲与杂技相结合的表演艺术,不仅具有强烈的杂技性,而且具有浓厚的故事性。宋代的傀儡戏取材广泛,能表演情节复杂的故事。据说,宋理宗生辰时,即曾观看过艺人卢逢春表演的弄傀儡《踢架儿》《群仙会》等。

明清时期,皮影戏和傀儡戏仍然是走街串巷艺人赖以糊口的一种表演艺术。在北京的天桥、天津的三不管、上海的城隍庙这些大城市中的"杂巴地",一代又一代的艺人为了挣口饭吃,不得不把皮影戏和傀儡戏经年累月地表演下去。

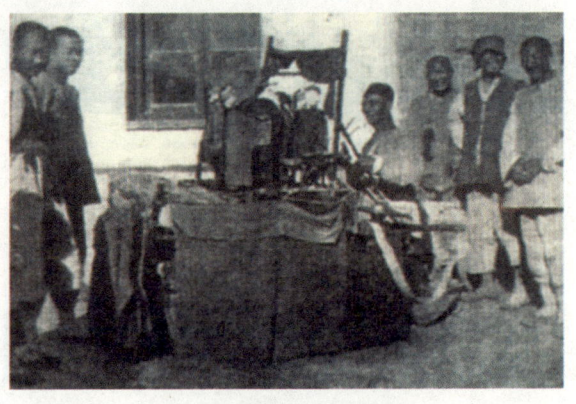

老北京天桥演出傀儡戏图片

现在，尽管古代流传多年在街头上表演的皮影戏和傀儡戏已经再也难以见到，但是，这种杂技艺术并没有绝迹，而是成了拍摄影视性木偶戏的基础性表演。

老北京令人着迷的木偶戏

第四章

竞技性娱乐

第一节 角抵

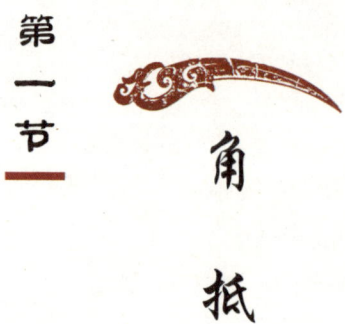

角抵,顾名思义,是一种如同两只羊儿抵角一般,弓背弯腰,抵角相斗的运动,为一种讲究技巧和力量的摔跤运动项目,又称"角觚""争交""相扑"等。吴自牧的《梦粱录》谓:"角觚者,相扑之异名也,又谓之争交。"

角抵之戏,当起源于民间争斗性摔跤。但作为一种游戏性运动项目,最早当出现在宫廷之中,是作为最高统治者的一种消遣性游戏被提倡后才逐渐流行的。

角抵,可能在原始时代已经产生。南朝人任昉在《述异记》中说:"蚩尤氏耳鬓如剑戟,头有角,与轩辕斗,以角抵人,人不能御。"这里所说的"以角抵人",显然不可能是在头上绑缚什么武器的方式进行战斗的,而应是以一种类似现在的摔跤性角力行为。

到商周时代,角抵在军队中已经非常流行,成为军人应掌握的一种技能。《礼记·月令》说:"孟冬之月,天子乃命将帅讲武、习射、御、角力。"这里所说的"角力",指的便是"角抵"。

战国时,角抵作为一种游戏即已存在。《韩非子》记述说,赵襄子的力士少室周与徐子角抵,没有取胜,从而把车右的位置让给了徐子。《国语》对此事的经过描述说:"少室周为赵襄子之右,闻牛谈有力,请与之戏,弗胜,致右焉。"把角力比赛称为"戏",显然此时的角抵已不属于徒手搏斗的性质,而成为一种具有比赛性特征的游戏。

到秦代,"角力"之名才被"角抵"替代。《古今图书集成》谓:"秦

陕西长安客省庄出土战国角抵图铜牌饰

并天下，罢讲武礼为角抵。"这就是说，秦始皇统一全国之后，将军事作为徒手搏斗的角抵变成游戏性活动。对此，《汉书》说："春秋之后，灭弱吞小，并为战国，稍增讲武之礼以为戏乐，用相夸视，而秦更名角抵。"

秦代，不仅有角抵之名，而且出现了"角抵俳优"之称。司马迁即说，李斯因急务需向秦二世禀报，但是，"是时，二世在甘泉，方作角抵俳优之戏"。在秦汉时代，"角抵之戏"有时也指包括角抵在内的"百戏"的代名词，是一种包括杂技、歌舞、体育表演、魔术等在内的综合性技艺。而"角抵俳优"一词，指的则是专业性角抵戏表演艺人。正是这种身怀绝技艺人的精彩表演，才使秦二世着迷到不问政事的地步。

湖北江陵凤凰山秦墓出土
梳头木篦子《角抵图》

在湖北江陵凤凰山秦墓中，曾出土一把梳头所用篦，上有一幅图被称为《相扑图》。此图是迄今为止所能见到的有关角抵形象的最早资料。在这幅图中，参与角抵的两人皆为赤身裸体者，只穿护裆，腰间系带。其中一人趋步向前，准备扭摔，另一人弓步站立，准备迎击。站在一侧的第三者似乎是一个裁判，双手呈下摁的姿势。此外，在秦始皇陵区二号陪葬坑中，还曾发现有一对角抵石刻俑。但可惜的是，至今也未见到这对角抵石刻的图像报道。

汉代,角抵之戏已相当成熟。这种成熟不仅表现在角抵开展的广泛程度上,还表现在角抵的形式也趋向多样化。汉武帝时期,"作角抵戏,三百里内皆来观"。这表明,至迟在汉武帝时,角抵这种游戏性运动项目已经成为一种社会性群体娱乐项目。

在角抵的形式上,大体来说,汉代角抵主要有三种。

第一种,是赤身性角抵。这种角抵形象即如前面所说战国江陵墓所出的土篦上角抵图案。此种图案在河南密县打虎亭东汉墓室壁画中也有发现。在河南密县打虎亭墓室壁画《角抵图》中,两个须发微张、腰系宽带、下着短裤、足穿黑履的人,正伸手瞪目,准备角抵。特别是其中一人,头上扎一冲天小辫,显示是一艺人性角抵高手。

第二种,是着装式角抵。汉武帝死前的托孤大臣金日磾,原本是匈奴休屠王的太子,被霍去病俘虏到长安后,做了宫中喂马人。后来,因他忠厚诚实而被选为寝宫卫士。一夜,叛臣莽何罗深入后宫,妄图刺杀汉武帝,被金日磾抱住,"捽胡投何罗殿下,得擒缚之"。这里的"捽胡",三国时人孟康注释为:"捽胡,若今相僻卧轮之类也。"可见,金日磾确是一个角抵高手。

第三种,为戴假面具式角抵。在山东临沂银雀山汉墓中,出土有帛画《角抵图》,其中两人为戴面具的武士样人物,呈现出角抵之后得胜者与失败者不同表情。另一个人物则没戴假面具,仿佛为裁判。此种角抵在后世文献中也有记载。任昉在《述异记》中谓:

今冀州有乐名蚩尤戏,其民两两三三戴牛角而相抵。

在明人王圻的《三才图会》中,载有一幅《角抵图》,其中两人便是头戴牛角相角抵的形象。

《三才图会》《角抵图》

汉代所流行的三种角抵之戏，在后世各自向着不同的方向发展，形成了各自不同的角抵之戏。赤裸身体的角抵发展为唐宋之际盛行的相扑。着装角抵则发展为元、清之时的用于练武和娱乐的摔跤，名为"布克"或"布库"。而头戴假面具的角抵或与后世的魔术相连，或与杂剧相连，到明代以后便逐渐消失。

山西大同出土北魏石砚《角力图》(局部)

三国时代，角抵之戏在宫廷之中尤为盛行。据说，东吴孙皓即是一位酷爱角抵之戏的皇帝。他曾在一次宫中所举行的角抵中，"使尚方以金作步摇、假髻以千数，令宫人著以相扑，朝成夕败，辄命更作"。如此以黄金为饰来装扮参加角抵之戏的宫人，既反映了宫廷游戏的奢侈性，又体现了皇帝这个封建社会的最高统治者的腐朽性。

至晋代，角抵已开始被称为"相扑"。王隐在其所著《晋书》中说：

襄城人王弘与颖川功曹刘子笃会于界上。子笃谓弘曰："襄城人不知(如)颖川人能扑。"弘对曰："相扑下技，不足以明优劣。"

襄城为今湖北襄阳，颖川即今河南许昌市。两郡之人以相扑来论证各自的社会文化是否优秀，足见当时相扑活动在人们心目中地位的重要。

在魏晋南北朝文献中，保存有大量有关角抵的资料，且为带有搏斗性质的角抵。《晋书》说：

(庾阐)父东以勇力闻，武帝时，有西域胡矫健无敌，晋人莫敢与校。帝募勇士，唯东应选，遂扑杀之，声振殊俗。

在《北齐书》中，也记载有来自西域的角抵高手：

南阳王绰亲信诬告其反，(齐)后主不忍显戮，使宠胡何猥萨后园与绰相扑，扼而杀之。

甚至，在隋代的资料中，还说西域角抵高手令人生畏的记载：

有西蕃贡一人名大壮，在北门外试相扑，无敌者。(隋文)帝颇恶之，云：大隋国无健者？召(法)通来，令相扑……至通后捉，总揽两手急搦，一时血出外渍，彼即蟠卧在地乞命。

法通是一位僧人，也敢同西域"无敌"角抵高手一试身手，说明角抵已成为社会各阶层的一种防身武功。

自隋代开始，角抵甚至成为宫廷的一种礼乐活动。大业三年（607），隋炀帝在东都征天下奇技，"作鱼龙曼延角抵于洛邑，以夸诸戎狄，终月而罢"。

唐代，角抵之戏已成为宫廷娱乐的一种重要内容。《明皇杂录》说："没赐筵宴，教坊大陈山车、旱船、寻橦、走索、丸剑、角抵、戏马、斗鸡诸戏。"《文献通考·乐考》说，大宴群臣之时的角抵，"壮士裸袒相搏而决胜负。每群戏毕，左右军擂大鼓而引之，岂亦古者习武之变欤？"

相扑彩绘陶俑

在唐代，中、玄、宪、穆、敬、文、武、懿、僖、昭等宗，都是爱好观赏角抵之戏的皇帝。唐敬宗时，"以钱万缗付内园，令招募力士，昼夜不离侧"。可见，唐敬宗实在已经成了一个须臾都离不开此种游戏的角抵狂。为博得敬宗欢心，以利自己飞黄腾达，地方官吏尽量搜罗和豢养角抵力士以献朝廷。宝历二年（826），河中献力士八人，"禁军及诸道争献力士"。

比起唐敬宗来，唐文宗似乎要好一点，起码还知道举行庄严的祭祀活动时，是不能观看角抵之戏的。"文宗将有事南郊，祀前本司进相扑人，上曰：方清斋，岂合观此事。左右侍者曰：旧例皆有，已在门外祇候。"

唐代，宫廷之中设立专门管理百戏的机构，改变了秦汉以来有角抵俳优表演于宫中但无专门性机构予以管理的状态。唐代管理宫廷艺人的机构为教坊司和内园。"宝历二年夏六月，上御三殿，令左右军、教坊、内园，为击球、手搏、杂戏、戏酣，有断臂碎首者。"在这些机构中，内园为培养和训练角抵手的机构，因而高手尤多。据说，有个叫蒙万赢的角抵高手，在选入内园时，本来从事蹴鞠和步打球，后看其身体条件更适合于角抵，方才到角抵棚中改练角抵之戏的。到十四五岁时，即已成为一个令多数角抵手感到畏惧的人。

上好之，下必效之。唐代，达官贵族几乎无一不好角抵之戏。宰相李绅督大梁，听说镇海军所进健卒富苍龙、沈万石、冯五千、钱子涛四人是角抵高手，于是，命这四人角抵以决胜负，结果，富苍龙等三人败下阵来，冯五千最终获胜，"十万之众，为之披靡"。

唐代，角抵之戏在市井之间也开始兴起。《角力记》云：

蜀都之风，少年轻薄者，（结伙）为社，募桥市勇壮者，敛钱备酒食，约至上元，会于学社山前平原作场，候人交，多至日晏，方了一对，相决而去。社出物赏之，采马拥之而去。观者如堵，巷无居人。从正月上元至五月方罢。

五代承唐代之后，仍保持唐代遗风，各国都盛行角抵之戏。唐朝土崩瓦解之后，原内园所豢养的角抵之手大都流落于五代十国之中。唐僖宗时的著名角抵高手蒙万赢即来到吴越，国主钱镠"待之甚丰"，年老后不能上场角抵，还安排他"指教数人，令主青山伍子胥庙焉"。

五代期间，众多角抵高手见诸文献记载。吴国角抵名手王愚子，"少有对偶"。其子王八四，"幼便受父训，拳手亦高"。后来，王八四进入南唐，"国主李昪、景、煜，皆好此戏，令充都头供奉"。后唐角抵手王存贤，在与皇帝李勖交手时，总是让着几分，致使这位没有数的皇帝"颇以自衿，因顾存贤曰：尔能胜我，与尔一镇。存贤博而胜之。同光二年，因顾存贤曰：无以易卿角抵之胜，吾不食言，即日以为卢龙郡节度使"。以一镇之地或以一节度使之高位来作为角抵的赌注，这在中国赌博史上恐怕也是最大的赌注了。

到宋代，角抵被纳入朝廷礼仪。"每春秋三大宴，其第一，皇帝升座……第十九，角抵，宴毕"；角抵被作为这些重大活动的压轴戏。在外交宴会上，"使人到阙筵宴，凡用乐人三百人……相扑一十五人，于御前等子内差"。这里的"等子内"，又名"内等子"，为御前忠佐军头引见司所管辖的角抵手、剑棒手。可见，宋代朝廷之中也有专门性角抵百戏管理机构。

宋代角抵的最大特点，在于这种运动的市井化与商业化。伴随着城市经济的发展，角抵运动不仅已具有较大的规模，而且产生了众多技艺高强

相扑陶俑

的职业性角抵手以及与之有关的组织。据说，南宋时，临安即曾涌现过以快、急、稳、狠等不同特点的角抵高手四五十人，在数量上仅次于说唱艺人。如杭州即曾有以急、快而闻名的周急忙、董急忙、王急忙等；有以出手狠毒而闻名的赛关索、赤毛朱超、周莽撞、郑伯大等；有以技艺精湛而闻名的铁艄公、韩通住、杨长脚等。

宋代从事角抵技艺的人可分为两大类：一为民间角抵艺人；二为宫廷角抵之人。民间角抵艺人一般在瓦子、勾当这些娱乐场所之中卖艺。在此卖艺的角抵手，开场前一般是由女艺人先出场"打套子"，玩一通花拳绣腿，逗逗乐子，以吸引观众。之后，则由角抵高手出场，全力相较，以此来挣点钱养家活口。

宫廷角抵高手主要被用于宫廷重大庆典活动中，以角抵之戏来表示庆贺。宫廷角抵高手不是选自民间，而是从军伍之中选拔，被称为"内等子"。据说，内等子的名额仅为120人，由御前忠佐军头引见司管理。宫廷角抵手都是经过精心挑选的臂力过人的壮年军汉，根据其角抵水平的高低，又被分为上、中、下三等及无等级者。内等子每三年遴选一次，所选出的佼佼者赏以金银细软，以其角抵水平的高低补充到宫廷角抵队伍中。那些角抵水平下降的内等子遭淘汰后被派往诸州军营，做个管营军头。每逢朝廷郊祭、明堂大礼等庆典举行时，内等子都要打扮整齐，除护卫在皇帝銮驾外，还要表演角抵之戏，以示庆祝。对此，有人写诗描写这些内等子云：

　　虎贲三千总威狞，急飐旗催叠鼓声。
　　疑是啸风吟雨处，怒龙彪虎角亏盈。

南宋之时，最为著名的角抵之处，当为护国寺南的高峰露台。在这里参加角抵之戏者，都是从诸州郡选拔出来的顶尖高手，从而形成了全国性角抵比赛。若能获胜，即可得到丰厚的奖赏，头奖可得旗帐、彩缎、锦袄、马匹等。甚至,有的还能够获得军职。如景定年间,有个叫韩福的角抵高手,在夺得头彩之后便被委以军佐之职。如此角抵竞技,自然吸引众多观众,每到举行之时,观者如潮,万人空巷。

宫廷角抵手之所以从军队中遴选,角抵优胜者能够被委以军职,恐怕此时的角抵并不单单是一种游戏性运动,还带有一定的打击能力。在《水浒传》中,即有梁山好汉燕青与角抵高手任原的打斗场面:

这个相扑,一来一往,最要说的分明。说时迟,那时快,正如空中风驰电掣相似,些儿迟慢不得。当时燕青作一块儿蹲在右边,任原先在左边立个门户,燕青只不动弹,看看逼过右边来,燕青只瞅他下三面……任原看看逼将入来,虚将左脚卖个破绽。燕青叫一声:"不要来!"任原却待奔他,被燕青去任原左肋下穿将过去。任原性起,急转身又来拿燕青,被燕青虚跃一跃,又在右肋下钻过去。大汉转身终是不便,三换换得脚步乱了。燕青却抢将入去,用右手扭住任原,探左手插入任原交裆,用肩胛顶住他的胸脯,把任原托将起来,头重脚轻,借力便旋四五旋,旋到献台边,叫一声:"下去!"把任原头在下,脚在上,直撺下献台来。这一扑,名唤作鹁鸽旋,数万的香官看了,齐声喝彩。

在《水浒传》中,所记载的带有打击性的相扑高手并不少。如那个蒋门神便是凭相扑的本事夺了"快活林",而武松也是靠了相扑的"玉环步、鸳鸯脚"夺回了"快活林"。"闲汉"出身的市井无赖高俅也懂得点相扑,自称"天下无对",结果被燕青一个"守命扑"便"颠翻在地褥上做一块,半晌挣不起"。那个黑旋风李逵,遇到"三代相扑为生"的焦挺,"只一脚,又踢了一脚"便败下阵来。王庆与段三娘,是"男女相扑",打得更热闹,段三娘"觑个空使个黑虎掏心势,一拳望王庆劈心打来。王庆将身一侧,那女子打个空,收拳不迭,被

明刊本《水浒传》第80回插图

王庆就势扭摔,只一跤,将女子颠翻"。可见,这类打击性相扑并不单单在于摔跤,当是一种拳脚并用的武功性套路。

角抵所具有的这种打击性搏斗的特征与普及性开展,促使有关角抵的规则出现。宋代,角抵规则被称为"社条";角抵之时,执行规则的裁判被称为"部署"。《水浒传》中描写燕青与任原角抵时,"燕青上献台来要与任原定对,部署向他要了文书,怀中取出相扑社条读了一遍,对燕青道:'你省得吗?不许暗算。'"由此看来,有关角抵胜负的标志以及所使用的手段最为重要,当是角抵社条中的主要内容。从有关文献看,宋代角抵大都以倒地为标准来定输赢,但也有立生死文书,打死勿论的。因此,"不许暗算"才成为角抵社条中最为重要的规则。

宋代　敦煌壁画中《太子练武图》中的相扑部分

在宋代,相扑作为一种市井娱乐活动,吸引越来越多的艺人参与的同时,也使女性相扑也出现在艺人行列之中。在临安城中,著名的女相扑手即有赛关索、嚣三娘、黑四姐以及乾淳教坊乐部女撕扑手张椿等十几人。女相扑手如同男相扑一样,也裸露颈项臂膀乃至腰围,因而被戏称为"妇人裸戏"。宋仁宗时,曾在宣德殿前表演百戏,其中即有女子相扑。对此,司马光看不惯。他犯颜直谏,上书《论上元令妇人相扑状》,说:

臣窃以宣德门者,国家之象魏,所以垂宪度,布号令也。今上有天子之尊,下有万民之众,后妃侍旁,命妇纵观,而使妇人裸戏于前,殆非所以隆礼法,示四方也……今后妇人不得于街市以此聚众为戏。

女性参与相扑娱乐活动,更多的则是担任了"打套子"的角色,被称为"女颭"。南宋时,临安出名的女颭不少,有嚣三娘、黑四姐、韩春春、绣勒帛、锦勒帛、赛貌多、女急快等。这些女艺人的任务是在相扑表演开始之前,使用类似"水流星"一样急速辗转的动作,先打开场子,吸引观众。这种动作被称为"颭"。

角抵之戏既然作为艺人谋生的一种演出活动,那么,其本来所具有的健身乃至武术性色彩便逐渐减退,代之而起的则是娱乐性特点逐渐浓厚。因此,宋代便出现了极力迎合市井之民欣赏需求的逗乐性角抵,从事这类演出的艺人被称为"庋家相扑"。"庋家"一词,为宋时临安俗语,其意为不学无术、不是内行的含义。从事相扑演出的艺人自贬为"庋家",其用意并不单单在于吸引观众,而且还在于自我标榜所演出的角抵之戏带有更为浓厚的娱乐色彩。

被称为"乔相扑"的一类角抵之戏当为"庋家相扑"的代表。"乔相扑"是演出艺人隐藏在用稻草、花絮之类物品做成的貌似两个相扑偶人的套子里表演相扑活动的角抵之戏。表演者深度弯腰,四肢着地,背负着连在一起呈相互角抵之状的两个偶人,以展示相扑者搏斗时的各种解数来吸引观众。显然,这已经不属于角抵的范畴而应该属于杂技性表演活动了。

元代统治者来自蒙古草原,以弓马而征服欧亚大陆,入主中原之后,射箭、骑马、摔跤,成为"男儿三技"。在《元朝秘史》中,曾多处记载了成吉思汗运用角抵之戏来消灭异己。不里孛可是主儿勤部有名的力士,也是成吉思汗妄图要除掉的一个政敌。"太祖一日教不里孛可与别勒古台厮搏……不里孛可佯为力不及别勒古台,倒了。别勒古台一边压着,回顾太祖。太祖将下唇咬着,于是别勒古台知其意,用膝将他脊背按着,两手捏住他项,用力向后折,折了脊骨……性命送了。"

元朝统一中国后,便在朝廷"置勇校署,以角抵者隶之"。对于角抵取胜者,元朝往往给予重奖。如大德十一年(1308),"以拱卫直都指挥使马谋沙角抵屡胜,遥授平章政事";延祐七年(1320),"赐角抵百二十人钞各千贯"。如此重赏,甚至引起一些官员的不满。顺帝时,欲以万贯赐角抵胜者,中书省参知政事盖苗即指出:"诸处告饥,不蒙赈恤,力士何功,获此重赏乎?"

西安博物馆藏陶相扑俑

甚至,大元期间,妇女参与角抵运动的数量也较多。在《马可波罗游记》第四章中,记述了海都之女以角抵方式择婿的故事:

国王海都有一女,名叫艾吉阿姆,鞑靼语的意思就是明月。这个姑娘十分矫健,中国没有一个青年能够打败她,而她却能战胜她的一切对手。她的父亲希望她出嫁。她说,除非遇到一个有本事能胜她的贵人,否则,她永远不嫁人。于是海都王便宣布艾吉阿姆以摔跤择婿。经历数年,婚事无成,因为没有一个青年能胜过艾吉阿姆。到1280年,有位年轻漂亮的王子,带来了一千匹健壮的马,宣布他要与公主比赛摔跤。海都王与王妃都非常高兴,他们希望这一次婚姻能够成功。海都王私下告诉女儿,可以手下留情,成就这次婚姻。但艾吉阿姆说,任何理由也不可以使她这样做。结果,这次比赛又是公主得胜了,年轻的王子被摔倒在宫殿的通道上,整个宫殿的人没有一个不为他的失败而感到惋惜。

清宫廷画师郎世宁绘《宴塞四事图》中的相扑部分

清朝是兴起于白山黑水之间的满族建立起来的政权,因而对于角抵也有一定的兴趣。清太宗皇太极时,就曾赐门都号"阿尔斯兰士谢图布库"(意为像狮子一样勇猛的摔跤勇士);赐杜尔麻号"詹布库"(意为像大象一样有力的摔跤勇士);赐特木德里号"巴尔巴图鲁布库"(意为像虎一样凶猛的摔跤勇士),"三人皆为蒙古人,臂力绝伦,善角抵"。这里的"布库",即为角抵。从此,揭开了清王朝提倡角抵的序幕。

清朝也设有管理摔跤手的专门性机构"善扑营"。"善扑营……掌选八旗勇士习角抵技,扈从则备宿卫。"从有关文献看,善扑营的主要职能还在于练武及娱乐。"善扑营,凡大燕享皆呈其技,或与外藩布角抵者争较优劣。"

角抵虽被视为"戏",但在某些时候确实发挥过重要作用。康熙皇帝登基时,仅有八岁,鳌拜当国,气焰嚣张,以帝年幼,肆行无忌。为除掉鳌拜集团，康熙帝"选小内监强有力者，令之习布库以为戏……（鳌）拜更以帝弱，且好弄，心益坦然。一日入内，帝令布库擒之，十数小儿执鳌拜，遂伏诛"。

清代，角抵已有专门性运动服装。这种服装被称为"裲裆"。《檐曝杂记·跳驼撩脚杂戏》云："布库，亦谓之撩脚。本徒手相搏，而专赌脚力，胜败以扑地为定。其人皆白布短衫，窄袖，而领及襟率用七八层密缝之，使坚韧不可碎。"这种专门性角抵服装，不仅增强了角抵之戏的美观性，而且便于角抵技艺的提高。从老北京天桥摔跤艺人的服装上，还能见到"裲裆"的痕迹。难怪，顾汧有诗云：

老北京天桥摔跤艺人图片

黄幄高张传布库，数十白衣白于鹭。
衣才及尻露裲裆，千条线缝十层布。
翻身侧入若攫鹞，拗肩急避似脱兔。
忽然得向乘便利，拉肋摧胸倏已扑。

第二节 蹴鞠

蹴鞠，蹴者，踢也；鞠者，球也；蹴鞠，又称"踏鞠""蹙鞠""步鞠"等，应是最为古老的足球类游戏。因为鞠为圆形，故蹴鞠也被称为"蹴圆""踢圆"等。魏晋之前，所蹴之鞠为皮质实心球，为区别以玉制成的球，故称之为"鞠"。南北朝之时，出现了以毛线制作的鞠，因而鞠被称为"毬"，蹴鞠也被称为"蹴毬""踢毬"等。

关于蹴鞠的起源，西汉刘向认为："寒食蹴鞠，黄帝所造，以练武士。"唐人蔡孚也说："打球者，往蹴鞠古戏也，黄帝所作兵势以练武士。"宋代人黄朝英还说："此戏生于黄帝蹴鞠，意在军戎也。"这些人都把蹴鞠之戏的功劳记在黄帝的头上，恐怕有附会之嫌，是一种臆测。

不过，在长沙马王堆汉墓中，出土有战国时期的帛书，其中的《十六经》中记载有一个神话：传说，黄帝擒杀蚩尤之后，"剥其革以为干侯，使人射之，多

古代蹴鞠画像石

中者赏。剪其发而建之天，名之曰尤之旌；充其胃以为鞠，使人执（踢）之，多者中赏。"这说明，刘向及其后人的臆测是有根据的。只是，这些皆为传说而已，不足为据。

据考证，蹴鞠这种足球性游戏，在我国，可能自商代即已经存在了。

最为有力的证据是战国那个被称为纵横家的苏秦到齐国游说齐宣王时说的那通令人心动的话："临淄甚富而实，其民无不吹竽、鼓瑟、弹琴、击筑、斗鸡、走犬、六博、蹋鞠者。"固然，游说者的话有夸大其词的成分，但并非无稽之谈。这表明，自战国之时起，蹴鞠即成为城市居民的一种重要娱乐性活动。

汉代，是蹴鞠活动迅速发展的一个时代。据说，刘邦的老子即是一个蹴鞠爱好者。这个来自沛县丰邑的小市民，在其儿子当了皇帝之后，被接到长安皇宫之中颐养天年。但是，他很不习惯皇宫中的生活，"居深宫，凄怅不乐。高祖窃因左右问其故，以平生所好皆屠贩少年，酤酒卖饼，斗鸡蹴鞠，以此为乐，今皆无此，故以不乐"。

可能是在其老爷子所发幽怨的刺激下，汉代蹴鞠才出现了一个飞速发展的局面，出现了专门性蹴鞠场所——"鞠城"，形成了较为完整的蹴鞠规则。在长安宫城之中，景福殿旁即有一座开展蹴鞠活动的场所，被称为"鞠城"。何晏《景福殿赋》说："其西则左域右平，讲肄之场，二六对陈，殿翼相当。"唐人李善《文选注》说："二六盖鞠室之数，而室有一人也。殿翼相当，谓屋势如鸟翼。"可见，这里的鞠室犹如今足球运动的球门，一边为六个。东汉人李尤的《鞠城铭》当是一篇最早描述蹴鞠运动的文字。其中说：

圆鞠方墙，仿象阴阳。法月衡对，二六相当。建长立平，其例有常。不以亲疏，不有阿私。端心平意，莫怨其非。鞠政犹然，况乎执机。

这个意思是说，圆圆鞠球，方方围墙。参照阴阳，天圆地方。鞠门如月，对应相当。各有六门，旗鼓相当。蹴鞠有则，裁判执掌。不论亲疏，不徇私情。蹴鞠之人，被罚无怨。蹴鞠如此，何况朝政。

由此，不仅可以见到汉代蹴鞠的场所、规则，而且可以反映出蹴鞠运动的规模及激烈。

古代蹴鞠运动场景

不过,终汉之时,蹴鞠的性质仍然带有浓厚的军事竞技项目色彩。对此,《后汉书·艺文化志》说:"立秋之日,武官肄兵习战阵之仪,斩牲之礼,名曰貙刘兵。官皆肄孙吴兵法六十四阵,名曰乘之。"这里的"乘之"即为蹴鞠之类的竞技项目。第一本专门性著作《蹴鞠》二十五篇也被列入《后汉书·艺文志》的"兵家技巧"类,目的在于"习手足,便器械,积机关,以立攻守之胜者也"。因此,著名西汉将领霍去病酷爱蹴鞠,即使在北击匈奴的战场上,"卒乏粮,或不能自振,去病尚穿域蹴鞠也"。

而且,汉代蹴鞠作为娱乐性活动,还带有流行于上层社会的特点。西汉时,得到汉武帝宠爱的董偃,"常从游戏北宫,驰逐平乐,观鸡鞠之会,角狗马之足,上大欢乐之",其家中也广设客馆,"郡国狗马、蹴鞠、剑客,辐辏董氏"。东汉时,马援的儿子马防被封为颍阳侯,其"第宅临道,连阁通池,鞠城弥于街路"。因此,东汉文学贤良抨击权贵的奢侈行为,将"临渊钓鱼,放犬走兔,隆材鼎力,蹴鞠斗鸡"归为一类。

南阳汉画像石拓片《蹴鞠图》

魏晋之后，蹴鞠所带有的军事性活动色彩淡化，代之而起的是游乐性功能。南朝梁人宗懔说："立春之日，又为打球、秋千之戏。"

到唐代，寒食蹴鞠已成为一种非常盛行的活动，引来众多诗人将笔墨和心血涂抹在寒食蹴鞠这种活动上。王维咏："蹴鞠屡过飞鸟上，秋千竞出杨柳里。"杜甫吟："十年蹴鞠将雏远，万里秋千习俗同。"白居易还云："蹴球尘不起，泼水雨初晴。"即使在皇宫之中，寒食蹴鞠也成为一种习惯性娱乐活动。王建的《宫词》诗云：

宿妆残粉位明天，总在朝阳花树边。

寒食内人长白打，库中先散与舍钱。

这里所说的"白打"，指的是两人参加的蹴鞠活动。"白打，蹴鞠戏也。两人对踢为白打，三人角踢为官场。"

蹴鞠活动所带有的军事训练色彩的消失，以及娱乐性质的浓厚，使这种活动的规则及器具都发生了一些变化。在球门上，已由汉代双方球门变为单球门。对此，马端临说：

蹴球，盖始于唐。植两修竹，高数丈，络网于上，为门以度球。球工风左右朋，以角胜负否，岂非蹴鞠之变欤？

在鞠的制作上，也发生了根本性变化。唐人徐坚谓：

鞠即球也，今蹴鞠曰球戏。古用毛纠结之，今用皮，以胞为里，嘘气闭而蹴之。

在《全唐诗话·皮日休》中，记载了"归氏子以姓嘲日休云：八片尖皮砌作球，火中燖来水中揉。一包闲气如常在，惹踢招拳卒不休"。可见，唐代蹴鞠之球当是外为八片尖皮缝制，内有胞里，可以充气，已经是一种真正的足球了。

由于蹴鞠的普遍，甚至产生了与蹴鞠有关的杂技性表演。在唐朝皇宫之中，"乐人有踢球之戏，作彩画木球，高一二尺，女妓登蹴，球转而行，无不如意"。显然，这已经不是蹴鞠，而是由蹴鞠派生出来的一种在一个木球

古代足球运动故事浮雕

宋代　蹴鞠形象图

上表演行走技巧的杂技性活动。

宋代，是蹴鞠大发展的一个时代，具体表现为以下五点。

其一，宋代，"寒食蹴鞠"已经成为市井之民与荡秋千一样普及的娱乐性活动。北宋夏竦有诗云："尘微蹴鞠人初散，细雨秋千索半垂。"梅尧臣也吟："蹴鞠渐知寒食近，秋千将立小鬟双。"到南宋，陆游还在喋喋不休地吟咏："蹴鞠墙东一市哗，秋千楼外两旗斜"；"路人梁州似掌平，秋千蹴鞠趁清明"；"咚咚鼓声鞠场边，秋千一蹴登如仙"；"乡村年少哪知此，处处喧呼蹴鞠场"。这表明，蹴鞠已经成为一种风俗性娱乐活动。

其二，宋代，蹴鞠已成为男女同台娱乐的一种游戏。在宋代之前，虽然也有男子和女子参与蹴鞠的这项运动，但是，这种运动却是男女分别举行的一种娱乐活动。在宋代，男女同场蹴鞠已经出现，这在程朱理学开始形成，"男女之大防"越来越严厉地约束女子的一行一动的时代，实在是一种历史的反叛。在中国历史博物馆和湖南省博物馆收藏着两枚图案一样的铜镜。其图案是在一个花园的假山前，一对男女青年正在专心致志地蹴鞠。那位高髻笈发的青年女子，低首做踢球状，那球正处于起落之际。女子对面，一位头带幞头的青年男子，上身前倾，两脚叉开，呈防御性姿势。蹴鞠男女身后有一仆一婢，正在全神贯注地注视两人的蹴鞠活动。如此图案完全相同的两枚铜镜的被发现，说明只有蹴鞠已经成为社会上男女同场开展的一种常见的活动之时，才有可能被投入批量性生产，从而使这种活

宋代　《蹴鞠图》部分

动成为一种美丽的瞬间而留在人们的记忆之中。

其三，宋代，蹴鞠并不单单是朝廷宴乐表演，而且成为礼仪性活动的一个组合部分。外国使者到来时，要用蹴鞠来表示欢迎。"金国聘使见辞仪，使人到阙，筵宴凡用乐人三百人……筑球军三十二人，起立球门三十二人。"这里的"筑球"，即是单球门比赛性蹴鞠。朝廷宴会举行时，自然也少了以蹴鞠活动来助兴。"每春秋圣节三大宴……第十二，蹴鞠。"甚至朝廷中的上寿、册封等重要活动都要以蹴鞠活动来予以祝福。"百官入内上寿，大起居……第六

明刊本《水浒传》第2回插图

盏御酒，左右军筑球"；"册命亲王大臣之制：执旌节拢马对引，百戏、蹴鞠、角抵，次第迎行"。

其四，在宋代，蹴鞠艺人的出现，使这种活动带有了商业性质，促使蹴鞠成为一种市井之民的运动。宋代从事蹴鞠活动的艺人中，有吃皇粮的官家蹴鞠艺人，有以蹴鞠来谋生的艺人。吃皇粮的蹴鞠艺人，是适应官方各种礼仪活动及官员享乐需要而产生的一种艺人。而以蹴鞠活动来谋生的艺人，不仅使这种活动变成了一种职业，而且使蹴鞠真正成为一种市井百戏而影响到市井之民的生活与情趣。南宋时的临安，甚至出现了将蹴鞠与酤酒结合在一起的酒店，名为"角球店"。还有一位姓黄名尖嘴的人，开设了一间"蹴鞠茶坊"。孟元老记述说：

正月十五元宵，立木正对宣德楼，奇术异能，歌舞百戏，鳞鳞相切，乐声嘈杂十余里。击丸、蹴鞠、踏索、上竿……苏十、孟宣，筑球。

蹴鞠艺人的大量涌现，促使艺人为维护其谋生之道而产生了不同的艺人组织。南宋周密的《武林旧事·诸色伎艺人》中，所记载临安蹴鞠艺人即有黄如意、范老儿、小孙、张明、蔡润等数名。以蹴鞠为生的艺人所组成的行业性组织叫"齐云社"，又称"圆社"。圆社作为蹴鞠艺人的组织，

既有一系列行为规范,也对蹴鞠技艺的提高起到了一定的作用。因此,《蹴鞠谱》谓:"世间圆社尽英豪,饱食丰衣独占能","不入圆社会,到老不风流"。

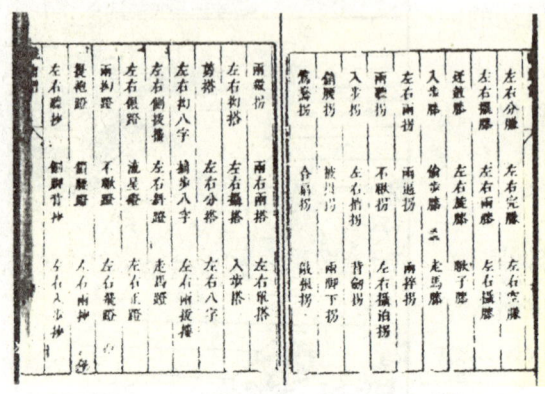

郑振铎先生于抗战期间在民间收集到的《玄览堂丛书》中的《蹴鞠谱》

其五,宋代蹴鞠运动的踢球方法更为多样化。对此,《蹴鞠谱》说:"脚头十万踢,解数百千般。"这虽为夸张之词,但宋代蹴鞠之法确比唐代多了许多。在《蹴鞠谱》中所记载的蹴鞠花样即有"肩、背、捺、拍、拽、控、膝、拐、搭、臁"十种动作,蹴鞠参与者有一人至十人等不同,每种之中又有不同踢法。如由两人参与的蹴鞠,各踢两脚为"打二";采用各种踢法者名"白打";一人只用"挑踢",另一人采用各种踢法者名"厮弄";两人只用小腿踢者,名"勘臁";两人一停一踢者,名"二捻"。这样一来,蹴鞠运动在宋带呈现为技术细腻、千变万化的状态。

湖南省博物馆藏背有蹴鞠图纹饰的宋代铜镜

宋代,由于踏鞠作为一种非常盛行的运动,甚至成为那些投机钻营者的进身之阶。在《水浒传》中,高俅是一个市井无赖,但因善于踢球而获得宋徽宗的殊宠,最终爬上太尉大位。在《山中诗话》中,所记载的柳三复则是一位精于蹴鞠的文人。这位士人科举考试后虽然中榜,只因无钱打点权贵而闲居在家,成为一个无官可做的闲员。对此，这个柳三复很不甘心。当他探知宰相丁谓是个酷爱蹴鞠之人后，便瞅个机会顶着球儿去见丁谓。"因戴球以见公，出书再拜者三。每拜，球三复于背膂幞头间，公乃笑而奇之，遂延于门下。"

高俅凭借一脚鸳鸯腿而发迹

这个柳三复，堂堂正正的一个文人，为了有碗饭吃，不惜卖弄球技于丞相之门，倒也让人可怜。

元代，蹴鞠仍然是一种流行的游乐活动。社会各色人物几乎都参与这种游乐之中，从而使蹴鞠成为一种普及性运动。元代蹴鞠的最大变化是出现了以此为生的女艺人，从而使这项自汉唐以来有女性参与蹴鞠运动但没有女蹴鞠艺人的局面得到终结。在元代著名戏曲作家关汉卿的散曲中，即有两首《女校尉》套曲。校尉是圆社中蹴鞠艺人的最高等级。这种女蹴鞠艺人，"蹴鞠场上，鸣珂巷里，南北驰名，寰中可意"；"关白打、官场小踢，竿网下，世无双，全场儿第一"，无疑使女

元代 《蹴鞠图》

性的风采在蹴鞠场上得到充分的展现，从而使"谢馆秦楼，散闷消愁，唯蹴鞠最风流"。

女艺人别有一番风采的蹴鞠活动，使这种运动成为青楼女子待客的一种手段开启了先河。元代，萨都剌有篇《妓女蹴鞠》文云：

若道是成就了洞房中惜香怜玉愿，媒合了翠馆内清风皓月筵，六片儿香皮做姻眷，荼蘼架边，蔷薇洞前，管教你到底团圆，不离了半边儿远。

妓女以蹴鞠陪客，在明代更为流行。《金瓶梅》第十五回中写道，西门庆在丽春院中饮酒，有两个圆社蹴鞠艺人与李桂踢，李桂卿则与谢希

大、张小闲踢。在《隋唐演义》第十七回中,则描写了柴郡马蹴鞠,即是由金凤舞和彩霞飞两个妓女陪伴的。吴承恩在《西游记》第七十二回中,描写了盘丝洞蜘蛛精蹴鞠的场面,或许,即是以社会实际生活中妓女蹴鞠为原型的。他用了极大篇幅,泛泛叙述了蜘蛛精采用"拿头""张泛""出墙花""大过海"等三十多个动作,几乎囊括了汉唐直至宋代蹴鞠的各种踢法,还觉言犹不尽,又以诗为证,写道:

> 蹴鞠当场三月天,仙风吹下素婵娟。
>
> 汗沾粉面花含露,尘染蛾眉柳带烟。
>
> 翠袖低垂笼玉笋,缃裙斜拽露金莲。
>
> 几回踢罢娇无力,云鬟蓬松宝髻偏。

带有儿童蹴鞠图案的瓷器

《吴友斋画宝》蹴鞠图

如此广为流行的蹴鞠活动,甚至使日常生活用品中也带有了蹴鞠的痕迹。

不过,明清之际,蹴鞠运动确实衰落了。固然,还有几个民间艺人在以蹴鞠作为一种谋生手段,但也只能如同《金瓶梅》中的张小闲、白秃子等人一样,依靠在妓院帮闲讨一口饭吃,正如有首词所说:"在家中也闲,到处刮诞,生理全不干,气球几不离在身边。每日街头站,穷的他不趋,富贵他偏慕,从早晨直到晚,不得甚饱餐,赚不得大钱,他老婆常被人包占。"连蹴鞠艺人尚且如此穷困潦倒,蹴鞠这项古老的游戏性运动的没落也就必然了。不过,在民间,明清时代还能够见到以蹴鞠来作为游戏的活动。

促使蹴鞠没落的一个重要原因,便是"踢毽子"活动的兴起。毽子制作简便,又能将蹴鞠的各种踢法所囊括,是一种更适应于市井之民健身和娱乐的活动,因而很快流行起来。清初词人陈维崧有首《戏咏闺人踢毽子》词:

明代 妇女踢毯毽图

娇困腾腾,

深院清清,

百无一为。

向花冠尾畔剪它翠羽,

养娘箧底翻出朱提。

裹用轻绡,

制同球转。

簸尽墙阴一线儿,

盈盈态,

讶妙愈蹴鞠,

巧甚弹棋。

不过,在清代,蹴鞠并非没有遗留。在北京,即有将蹴鞠与滑冰结合在一起的现象,使之成为一种冰上运动。"十一月,金海冰上做蹴鞠之戏。每队数十人各有统领,分位而立,以革为球,掷于空中,使其将坠,群起而争之,以得者为胜。欢腾驰逐,以便捷勇敢为能,将士用此以习武,昔者黄帝作蹴鞠之戏以练武,盖取遗意焉。"在一些年画中,也能见到蹴鞠的形象。这说明,在清代,蹴鞠仍然作为一种游乐性活动在民间曾经存在过。

年画《十美踢球图》

第三节 击鞠与马球

击鞠,是一种由蹴鞠发展而来但又大不相同的竞技性游戏。蹴鞠为脚踢,鞠为木质之球。击鞠则用木杖打击,有徒步而打与骑马而打之别。徒步击鞠被称为"步打"。骑马击鞠则被称为"马球"。

有的文献资料说,击鞠之戏是在唐代由波斯传入的,当时被称为"波罗球"。实际上,击鞠在魏晋之时即已经存在。曹植所写的《名都篇》中,

唐代　彩绘打马球俑

就有"连骑击鞠壤,巧捷惟万端"的诗句。很可能,魏晋之时,击鞠还没有定型,尚处于萌芽时期而已。

大唐盛世的到来,经济的繁荣和文化的昌盛,疆域的扩大和社会的安宁,为击鞠迅速发展提供了必不可少的阳光雨露。当时,西域岁献大宛宝马,也激发了唐代朝野对于马术的嗜好。于是,马球也得到了广泛开展,击鞠由此而兴旺。甚至,在含光殿还建立起一座专门用于宫廷娱乐的击鞠球场。

唐代历朝皇帝大都酷爱击鞠。自唐立国,到其灭亡,共传19帝,其中,见诸记载酷爱击鞠的皇帝即有11位。在这些爱好击鞠的皇帝中,唐玄宗当是一位击鞠高手。据说,唐中宗时,吐蕃派遣使者前来长安迎娶金城公主,提出要与唐朝将士比赛击鞠。为此,唐中宗特意挑选了一些善于击鞠的人与之对垒,结果,一连几拨都败下阵来。当时还为临淄王的唐玄宗心中不服。他约同嗣虢王李邕、驸马杨慎交、武延秀等人,再次披挂上阵,与吐蕃对垒。在击鞠场上,只见那个后来成为皇帝的临淄王"东西驱突,风回电激,所向无前,吐蕃功不获施",似乎入于无人之境,致使吐蕃人很快以败北而告终。李隆基也因此不仅获得唐中宗的赞赏,而且获得羽林万骑的拥护,为他发动宫廷政变,当上皇帝奠定了基础。即位之后,这位以第三子而入承大统的风流皇帝,恐兄弟们不服,因而对诸王兄弟甚为友爱。仍然对击鞠情有独钟。据说,每次朝罢之后,他都要与诸王纵情娱乐。史曰:"诸王日朝侧门,既归,即具乐纵饮,击球斗鸡,放鹰犬为乐。"因此,唐代宫城之中的雍和殿前的广场,不时能见到他与诸王击鞠的身影。即使到了老年,这位皇帝对于击鞠活动的酷爱还丝毫没有减退,常在骊山纵马击鞠。为此,臣下纳谏曰:"凭览则至乐,躬亲则非便。"甚至,宋代诗人晁说之在李公麟所绘《明皇击鞠图》中题诗道:

《明皇击鞠图》

阊阖千门万户开，三郎沉醉打球回。

九龄已老韩休死，无复明朝谏疏来。

把"安史之乱"归咎于李隆基的打马球，显然有点言过其实之嫌。但是，这从另一个侧面说明，击鞠确为唐代皇室贵族最为喜欢的一种运动。

唐宣宗击鞠水平也很高。据说，这位皇帝是位骑马高手。他击鞠时，

古代女子打马球彩绘陶俑

"所御马衔勒之处，不加雕饰，而马尤矫健。每持鞠杖，乘势奔跃，运鞠于空中，连击至数百而马驰不止，迅若流电，二军老手咸服其能"。

"上还击球，由是通俗相尚。"最高统治者对于击鞠的偏爱，促使这种运动的迅速开展。自唐太宗起，即下令军中开展马球运动。到唐中宗时，击鞠即成为一种广泛性社会运动了。因此，罗香林先生在其《唐代波罗取戏考》一文中总结说："国君嗜好于上，武臣效尤于外，而佳人宠佞竞相讲习，以投时好，百业寝废，唯务击球。"如此描述唐代击鞠的兴盛，无疑是很有见地的。

唐代广泛开展的击鞠运动，以及这种运动受到最高统治者的酷爱，从而使击鞠成为赳赳武夫得以升迁的一种依据。如唐代皇帝近卫军性质的神策军，其军人选拔和将领的升迁，在很大程度上即依据击鞠能力如何。"唐制：武选以马上击球较其能否。"神策军的周宝"强毅未尝诎意于人，官不进。自请以球见，武宗称其能，擢金吾将军"。西

新疆阿斯塔那唐墓出土彩绘打马球俑

川节度使空缺,唐僖宗令"左神策大将军杨帅立、罗元杲、牛勖、陈敬瑄四人击球赌三川,敬瑄得第一筹,即以为西川节度使"。如此以将军、节度使为奖赏的击鞠,是何等诱人的一种皇恩浩荡,难怪唐代击鞠活动曾兴盛一时了。

更令人难以理解的是,马球场甚至成为政治性谋杀之所。魏博节度使田承嗣与淄青节度使李宝臣是亲戚,"宝臣弟宝正娶承嗣女。在魏州,与承嗣子维击鞠,宝正马驰骇触杀维。承嗣怒,鞭杀之,由是交恶"。此次击鞠事件导致两镇之间交战十余年,死人不计其数。唐宣宗李忱为唐武宗的叔父,备受武宗嫉恨。"一日,会鞠于禁苑间,武宗召上(宣宗),遥目于中宫。仇士良跃马前曰:适有旨,王可下马。命中官舆出军中,奏云:落马,已不救矣。"不是仇士良相救,宣宗李忱就被谋杀于马球场之上了。唐玄宗时,安史之乱中,河北诸州郡大部陷落,惟颜真卿仍坚守平原、常山一带。"常山太守王俌欲降贼,诸将怒,因击球纵马践杀之。"由此看来,击鞠之场确是一个欢乐之地,也是一个险恶之所。

击鞠之险还在于这种运动本身即是一种带有危险性的马上运动。俗话说:"古来三桩险:骑马、行船、荡秋千。"在古代,不适应马背生活的农业民族,大部分人把骑马视为一种危险性激烈活动。因此,那些不会骑马以及马术蹩脚的骑马者,是不敢从事激烈的击鞠运动的。据说,唐代皇帝中即有两位皇帝因此而丧命。大概正是如此,不擅长骑马的唐僖宗才成为一个步打的高手。他在与优臣石野猪谈话时,自我吹嘘说:"朕若步打进

陕西临潼关山唐墓出土白陶打马球俑

唐代　击马球纹饰菱花镜

士,当得状元。"

正因为击鞠是一种马术与击鞠相结合的复合性运动,从而使这种运动在很长一段时间内成为训练骑兵的一种重要手段。阎宽在其《温汤御球赋》中说:"伊击鞠之戏者,用兵之技也。"直至宋代,宋太宗还认为:"打球,本军中之戏,太宗令有司详定其仪。"因此,纵缰驰骋以练习骑术、挥杖击打类似砍杀的击鞠运动成为唐代每个军镇都必须开展的一种活动。

在这方面,最好的例证当为韩愈同张建封之间的咏诗唱酬。张建封是以太守的身份升任徐濠节度使的,已五十多岁的人了,还在马球场上驰骋击鞠。为此,韩愈很是担心,写信咏诗劝他不要参与那种危险性活动。张建封以《酬韩校书愈打球歌》诗回答道:

仆本修文执笔者,今来率领红旌下。
不能无事习蛇矛,闲就平场学使马。
军中役养骁智材,竞驰俊逸随我来。
护军对引相向去,呼风月旋期先开。
俯身仰击复旁击,难于古人左右射。
齐观百步透短门,谁羡养由遥破的。
儒生疑我新发狂,武夫爱我生雄光。

也可能正因为马球运动的激烈与危险,那些纤弱的女子难以掌握马上击鞠要领,才不得不另寻他途,改为骑驴击鞠。在唐代,皇宫女子主要从事蹴鞠活动。王邕在《内人蹴鞠赋》中吟咏道:

球体兮似珠,人颜兮似玉,下则雷风之宛转,上则神仙之结束。

但也有不敢在马上击鞠的女子便以驴代马,将马球变成了"驴球":

聚女人骑驴击球,制钿驴鞍及诸服用,皆奢侈装饰,日费数万,以为笑乐。

唐敬宗是一个爱玩的皇帝。他曾观"两军、教坊、内园,分朋驴鞠、角抵,至一更二鼓方罢"。夜间还在观"驴鞠、角抵",不仅说明驴鞠、角抵已成为皇宫中重要的娱乐性活动,而且说明当时"驴鞠、角抵"之所已有照明设施。

无论如何,马上击鞠确是一种奢侈性娱乐活动。在西安大明宫遗址中,曾经出土过一块石碑,上刻"含光殿马球场"和"大唐太和辛亥岁乙未月建"的字样。在陕西章怀太子墓木壁上,还发现了一幅打马球图。画面上摹写了打马球时的生动场面。那奔驰的骏马,手执一头弯曲球杖的骑手,以及你争我夺、追逐嬉戏、栩栩如生的形象,尽管能够让人又一次领悟到当年马球运动的神韵,但也总感到了这绝不是市井百姓所能够享受得到的一种运动。

唐代　章怀太子墓墓道中的打马球壁画

唐代·音乐俑

由此,不能不使人想起唐代皇宫为击鞠而接受地方官吏的供纳。"天成元年,西都知府张籛,进魏王继岌打球马七十二匹。""长庆四年,西川节度使杜元颖进罨画打球衣五百。"由此看来,击鞠不仅要有骏马,而且要有专门的球衣才能得以进行。

即使一般城市所开展的打马球活动,市井百姓也只能有观看的份儿。唐代文学家韩愈有首《汴泗交流赠张仆射诗》,可以作为描写一般性城市

打马球活动的代表:

古代马球图

> 汴泗交流郡城角,筑场千步平如削。
> 短垣三面缭逶迤,击鼓腾腾树赤旗。
> 新雨朝凉未见白,公早结束来何为?
> 分曹决胜约前定,百马攒蹄近相映。
> 琼惊杖奋合且离,红牛缨绂黄金羁。
> 侧身转臂著马腹,霹雳应手神珠驰。
> 超遥散漫两闲暇,挥霍纷纭争变化。
> 发难得巧意气粗,欢声四合壮士呼。

此诗对于马球运动的方方面面,诸如马球场的设施、马球手的装束、马球运动的热烈场面,乃至天气条件等都有所涉及,详虽详矣,但位于"城角"马球场上的热闹也只有围观的"壮士"在呐喊助威!可见,唐时的击鞠还与市井之民有一段距离。

击鞠在宋代有变化。北宋初年,对于击鞠运动还较为重视。其因在于宋太宗出身行伍,对击鞠在军队训练中的作用还有所认识。因此,他即位之后便将击鞠定为军中之礼,并"令有司评定其仪",规定:每年三月在大明殿举行击鞠礼,皇帝要亲自参加击鞠。当皇帝乘马出场时,教坊奏凉州乐,分队之后,通事舍人奏请皇帝击鞠。"帝击球,教坊作乐奏鼓。球既度,飐旗,鸣钲,止鼓,帝回马,从臣奉觞上寿,贡物以贺。赐

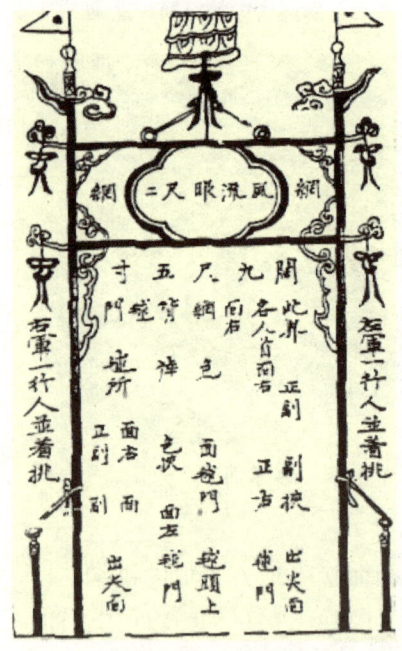

《蹴鞠谱》所载球门图

酒,即列拜,饮毕上马",击鞠才正式开始。可见,第一球永远是皇帝先打进。因此,自唐代开始,便有"对御难争第一筹"的说法。

不过,在北宋文献中,难以见到以击鞠来训练军队的记载,也少有

皇帝亲自击鞠的事例。这可能与宋代军事上采取守势,骑兵在军队中所占比例较小有关。

南宋之初,曾有过收复失地的打算,因而击鞠运动又得到最高统治者的提倡而一度兴盛。"隆兴初,孝宗锐志复古,戒燕安之鸩,躬御鞍马,以习劳事,仿陶侃运甓之意,时召诸将击鞠殿中,虽风雨亦张雨帘,布沙除地。"宋理宗时,"臣僚言:今日兵贫如此,思变而通之。于卒

宋佚名《焦阴击球图》

伍中取强勇者,异其籍而厚廪,且如百人中拣十人,时试之弓弩,课之武艺,暇则驰马击球以为乐,秋冬使之郊猎,则其材力精强"。在此风气的影响之下,南宋对于击鞠的重视甚至要高于北宋。因此,那个名满天下的南宋诗人陆游的诗中才有那样多的有关击鞠的记载。"四十从戎驻南郑,打球筑场一千步,阅马列厩三万匹","从军昔戍南山边,传烽直照东骆谷。洮州骏马紧络头,梁州球场日打球",便是这位曾经当过兵的诗人的真实感受。

不过,从有关资料看,宋代击鞠主要偏重于娱乐。据说,宋神宗时,"神宗与二王禁中打球。上问二王:欲赌何物?徐王曰:臣不赌别物,若赢时,只告罢了新法"。可见,这是一种带有赌博性质的击鞠比赛。

古代《女子击鞠图》

在皇宫中，皇帝最喜欢的并不是自己参与击鞠，而是观看宫内女子击鞠。在这方面，以玩而著名的宋徽宗可谓是个代表。他"命宫人击鞠，驰马举杖，翻手覆手，丸素如缀，绝妙一时"。即使皇帝如此酷爱击鞠运动，但终因这种运动所具有的奢侈性而难以进入市井之民。因而，民间也仅是击打些"小玩意儿"以求自娱而已。

在宋代，击鞠有所谓的"小打"与"大打"之分。"小打"为骑驴而戏，"大打"为骑马而击。所击之球如同蹴鞠之球一样，起初也为皮革制成，后来才逐渐变为中间掏空、外涂朱漆的木制球。击球所用鞠杖亦为木制，杖头类似月牙状。即使"小打"，也不是一般市井之民的一种游戏。孟元老在《东京梦华录》卷七中曾详细记载过"小打"的生动场面：

先设彩结小球门于殿前。有花装男子百余人，皆裹角子，向后，曲蜷花幞头，半着红，半着青，锦袄子，义栏束带，丝鞋，各骑雕鞍花驴子。分为两队，各有朋头一名，各执彩画球杖，击弄子如缀。球子方坠地，两朋争占，供与朋头，左朋击球过门，入孟为胜。

即便如此，击鞠运动也能为市井之乐带来一种新风气。宋代蹴鞠之风那样兴盛，与击鞠盛行当有一定关系。何况，击鞠运动还与军国大事有一定的联系，市井之民绝不会不为之关心。

正当北宋君臣沉湎击鞠之乐时，崛起于北方的辽、金却更注重将击鞠这项运动用于其军队的训练。这些过惯了马背生活的贵族，当击鞠运动传入其禁宫后，不仅将这种运动作为一种娱乐，而且作为保持游牧民族善于骑射的一种措施，从而使击鞠成为一种经常性的活动。在《辽史》中，载有从穆宗到天祚帝参与击鞠者即

金代瓷枕上的《童子击丸图》

有21次之多。之所以如此,恐怕正如一个名叫肖孝忠的大臣所言:"东京最为重镇,无从禽之地,若非球马何以习武?"继辽而后的金,也是一个崇尚击鞠运动的王朝。金世宗完颜雍所立皇太子因击鞠而坠马受伤,大臣乘机劝说他不要亲自参加这种危险性极大的运动。但他不以为意,说:"祖宗以武定天下,岂以承平遽忘之耶!皇统尝罢此事,当时人皆以为非,朕所亲见,故示天下以习武耳。"金朝元帅粘罕酷爱击鞠。在汴梁被围时,即使北宋派往金营谈判的使臣,也要等到粘罕与将士们击鞠结束之后才能接见。由此看来,辽、金与宋相比,击鞠的性质似乎截然不同。

更有讽刺意味的是,历史似乎与宋徽宗开了个大玩笑。就是这位以观看宫中女子击鞠为乐的皇帝,最终竟然死在了击鞠场上。金正隆六年(1161)春,已成为俘虏的宋徽宗与海陵王完颜亮一起饮酒,"大阅兵马,令帝与海滨侯各领一队兵马为击鞠。左右先以羸马易帝壮马。既合,有胡骑数百自场隅来,直犯帝前。有褐衣者射(耶律)延禧,贯心死于马前。帝见之,失坠马。又有紫衣者以箭中帝。帝崩,不收尸,以马蹂之土中。帝是年六十岁,终马之祸也"。或许,正是这位死于非命的皇帝酷爱蹴鞠,才致使宋代带有蹴鞠图案的铜镜作为随葬品而得以保留至今!

灭亡金与南宋的大元,更是一个烂熟于马术的民族所建立起来的朝代。因此,击鞠在元代当开展得更为普遍。早在南宋灭亡之前,出使蒙古的孟珙即见到崛起于蒙古军队出师时的击鞠场面:"彼击鞠只是二十来骑,不肯多用马者,亦恶其哄闹也。"当时的羽林军,"东园击球夸意气,西街走马扬飞尘";那些市井少年,"半空彩杖翻残月,一点绯球迸落星。少年得意风流事,可胜书生对流萤"。击鞠如同文人读书一样,也是军人的风流事,其中之乐不言自明。

明代,击鞠运动还有所开展。明成祖迁都北京后,"有击球、射柳之制。十一年五月五日,幸东苑击球、射柳。分击球为两朋,自皇太孙而下,诸王大臣,以次击射"。

不过,从《明宣宗行乐图》看,明代击鞠已不再是对抗的双方各树一个球门,而是只有一个球门。这表明,至此,击鞠所带有的娱乐性成分大

《明宣宗行乐图》（击鞠部分）

大减退。因此，这种本来在军队中训练功能并不太强的运动，在清代乾隆年间之后便悄然退出了历史舞台而成为一种陈迹。

第四节 骑射

弓箭的使用，如同火的使用一样，是人类最为古老的一种伟大发明。弓箭发明之后，人类即可以猎获更多野兽以作为食物。在人类文明发展史上，弓箭发明意义之重大，正如恩格斯所说："弓箭对于蒙昧时代，正如铁剑对于野蛮时代和火器对于文明时代一样，乃是决定性的武器。"

在山西朔县峙峪城旧石器时代遗址中，考古工作者曾发现了众多石镞，并将这一类型的遗址定名为峙峪文化。据 C14 测定，峙峪文化的绝对年代距今约 2.7 万年，时代早于山顶洞文化而晚于河套文化。石镞的发现，说明当时的人们已经掌握了弓箭，狩猎技术有了长足进步。

弓箭又是战争之神。进入文明社会之后，弓箭便成为人类"威震天下"的武器。因此，弓箭不仅成为冷兵器时代的主要武器，也成为构成礼制的重要器具。据说，射箭即为周代"江武之礼"的重要内容，有大射、宾射、燕射、乡射等礼节规范。

起码在春秋时代开始，弓箭便成为一种娱乐性器具。据说，儒家学说的创始人孔子，在教学之余即曾参加过弋射活动。所谓弋射，即是箭尾上系一根长长的丝线，丝线的另一端则系在一个石磻上，这样，不仅射出的箭可以重复使用，即使箭射中目标也不会被已伤的禽兽带走。《诗·郑风·女曰鸡鸣》说的是妻子在黎明时叫起丈夫，以便弋射还在露宿的野鸭和大雁。孔子"弋不射宿"，显然不是为了猎取飞禽走兽，而是为了休闲娱乐。

在出土文物上，还能够见到春秋战国时期"弋射"的形象。北京故宫博物院所藏战国宴乐渔猎攻战纹铜壶，其上便有弋射形象。画面上有一群大雁飞翔于空中，其下有四个弋射者，两人单腿跪射，两人双膝跪回身射，所射出的箭的尾部都系有一丝缕，丝缕的另一端则系在一个石磻上。

至汉代，弋射还有被用于生产劳动中的现象。在四川成都市出土的画像砖中，即有一幅《弋射收获图》。图的上半部分为弋射画面，下半部分为收获情景。图中弋

战国射猎图

射的两人手挽弓箭，正仰面瞄准空中的飞鸟，箭尾的丝线拴在身后的石磻上。

不过，从有关文字记载看，汉代时的弋射大都为帝王、贵族和豪强的娱乐活动。司马相如在《子虚赋》中即说，楚王太子偕郑女曼姬狩猎，"微矰出，纤缴施，弋白鹄，连驾鹅，双鸧下，玄鹤加"，弋射了许多大鸟。张衡的《西京赋》也说，皇帝在狩猎之后，还特意来到昆明池，"登豫章，简矰红，蒲苴发，弋高鸿，挂白鹄，联飞龙，磻不特絓，往必加双"。这就是说，在昆明池豫章台上，可以一箭双落，自然别有一番情趣。

四川成都市出土的汉画像砖《弋射收获图》

皇帝如此，达官贵人与富家子弟以弋射为乐便成为一种自然。因此，文学贤良在盐铁会议

洛阳汉墓出土画像砖《射箭图》

上抨击社会上的奢华之风说:"贵人之家,子孙连车列骑,田猎出入,毕弋捷健。"司马迁说,颍川、南阳一带的富商大贾,为追求山珍海味,"弋射渔猎,犯晨夜,冒霜雪,驰坑谷,不避野兽之害"。钟长统则指出,那些隐居山林的士大夫,衣食温饱之余,便是"濯清水,追凉风,钓游鲤,弋高鸿,讽于舞雩之下,泳归高堂之上",将弋射作为自己精神寄托的一种所在。因此,汉代贵族墓葬中多见射俑也就不足为奇了。

咸阳韩家湾狼家沟出土
西汉初期彩绘灰陶射箭俑

汉代,是骑兵成为重要兵种的时代。为了战胜北方时常侵扰的匈奴,自西汉初年开始,大量饲养战马、改良马匹品种,便成为一种重要朝政。经过多年的努力,到汉武帝时代,已取得"众庶街巷有马,阡陌成群"的成就,不仅拥有足够的战马,而且组建起具有较好马术素养的骑兵。从此,骑射也成为一种重要的游戏活动。

绥德细那汉墓出土画像砖《射猎图》

三国时代的曹氏父子即是骑马射箭的高手。一代枭雄曹操烂熟于弓马自不必说,在一次狩猎之中便"手射飞鸟,获雉三十六头"。他的大儿子、魏明帝曹丕亦是个四岁学射箭、六岁学骑马,"八岁而能骑射"的高手。即使出口成章的才子曹植,还是个能"揽弓捷鸣镝,长驱上南山。左挽因右发,一纵两禽连"的高手。

魏晋南北朝时期,还能够见到以弋射方式进行赌博的记载。如王恺与王济赌射。因王恺有头牛十分俊美,王济便要求以这头牛作赌注。当时,王恺想,即使自己输了,他王济也不可能把牛宰了,因为俗语即说"俊物哪有杀理!"赌射时,王济先射,谁知他一箭中的。继之而射的王恺竟然脱靶。又谁知,王济哪里顾及"俊物不杀"之俗,令人牵过王恺的牛来一刀杀死,掏出牛心来即叫仆人拿去烤熟。"须臾,炙至,一脔便去。"王济仅吃了一口烤熟的牛心便拔腿而去,一派门阀之气。

不过,自魏晋之时起,伴随骑马射箭之戏逐渐兴起,弋射活动便渐渐消沉下去,在隋唐时代文献中,甚至难以见到弋射之戏的记载。因此,唐人张九龄的《感遇》诗中说:"今我游冥冥,弋者何所慕。"这就是说,对于高空中飞翔的鸿鹄,既难移动,又不能射高远的弋射是毫无办法的。

大概正是因为如此,唐玄宗带领百官到教场射箭时才出了那样大的笑话:"开元七年,赐百僚射。金部员外郎卢廙、职方郎中李儹,俱不善射,箭不及垛,而互言工拙。戏儹曰:'与卢箭,俱三十步左右,不晓。'儹曰:'儹去垛三十步,卢箭去儹三十步。'"看来,李儹射箭技术不怎么样,但口头上的功夫却不赖。皇帝赐射箭,本是一桩恩典,做大臣的必尽自己所能。但是,身为金部员外郎的卢廙和职方郎中的李儹却连箭也没有射到靶子上。但关于人调侃李儹时,他还狡辩说:"我的箭离靶子三十步,卢廙的箭离我的箭三十步。"由此可见,唐代官员已成为骑不得马、拉不开弓的文弱之官了。

蒙古 骑射图

唐代 绞胎骑射俑

顾名思义,"射柳"即是一种以弓箭来射柳树枝的一种比赛性活动。这种活动在以游牧与半游牧、半狩猎为生的北方民族之中得以长期流传。

射柳在辽、金时即非常盛行。金朝宫廷中射柳大都与击鞠同时举行,活动方式与规矩大致为:

凡重午日拜天礼毕,插柳球场为两行,当射者以尊卑序,各以帕识其枝,去地约数寸,削其皮而白之。先以一人驰马前导,后驰马以无羽横镞箭射之。既断柳又以手接而驰去者,为上;断而不能接去者,次之;或断其青处,及中而不能断与不能中者,为负。每射,必伐鼓以助其气。

以骑猎见长的女真族在入主中原之后,骑射活动便成了一种最为重要的娱乐项目。因此,阿骨打对宋朝使臣说:"我国中最乐无如打猎。"因此,金代帝王经常在宫廷之中举行射柳活动,并让百姓观看。大定三年(1163)五月五日,太宗"幸广乐园射柳,命皇太子、亲王、百姓皆射,胜者赐物有差"。明昌元年(1190)五月,章宗"拜天于西苑,射柳、击毬,纵百姓观"。

据说,女真族的射柳活动来源于辽朝旧俗"瑟瑟仪"。契丹人的"瑟瑟仪"习俗是为祈雨而举行的一种仪式。其程序为:若遇天旱,选择吉日举行祈雨仪式。届时,皇帝前往预先搭起的天棚中祭奠先帝,然后射柳。射柳由皇帝先射两次,之后亲王、宰执依次各射一次。第二天,在天棚东南方种植柳数,巫师以酒、黍等祭奠所植之柳,并予以祈祷。之后,皇帝与皇后一起向东南方遥祭。再后,子弟开始射柳。显然,契丹人"瑟瑟仪"中的射柳活动完全是一种宗教性活动,金朝射柳已完全摆脱了宗教色彩,

射柳图

变成了于五月初五日举行的一种娱乐性活动。

金朝的射柳之俗为元代所沿袭。元朝在宫廷中所举行的射柳活动，在内容和形式上都与金朝大体相当。元代射柳多在端午日举行：

诸王行觞为节令寿，前列三军，旗帜森然，武职者咸令射柳。以柳条去青一尺，插入土中五寸，仍各以手帕系于柳上，自记其仪。有引马先走，万户引弓随之，乃开弓射柳。断其白者，则击鼓为胜，其赏如前。不胜者亦如前罚之。仪马匹咸与前饰同。此武将耀武艺也。

此外，在元代，与射柳相类似的活动还有射圃。射圃，又称"开剁场""射天狗""社草狗""射天狼""射草人"等，是游牧民族的一种禳灾性宗教活动。对此，《元史》记载；

每岁十二月下旬，择日，于西镇国寺内墙下，洒扫平地，太府监供彩币，中尚监供细毡针线，武备寺供弓箭环刀，束干草为人形一，为狗一，剪杂色彩绸为之肠胃，选达官世家之贵者交射之。非别速、札剌儿、乃蛮、忙古台、列班、塔达、珊竹、雪泥等氏族，不得入列。射至糜烂，以羊酒祭之。祭毕，帝后及太子嫔妃并射者，各解所服衣，俾蒙古巫觋祝赞之。祝赞毕，遂以与之，名曰脱灾。国俗谓之射草狗。

在元朝后期，射圃活动有所变化，从中可能看到竞技性游戏来源于原始祭祀巫术的痕迹。据元末人熊梦祥记载，每年十月，"皇城东华门外，朝廷命武官开射圃，常年国典"。"十月，太史院涓日，都府差人于东华门外作苇芭，南向北三所，北向南如之，约三百步。西一所即储皇、诸王等，二所省院宰辅，第三所武职枢所。""圣上在西宫，丞相略聚，请太子开垛场御弓。得旨，百辟导从至垛场，端箭调弓，自有主者揖让升降，动有国典，俱用小金仆姑。其制：宰执奉弓执箭，跪以进，太子受弓后，发矢之高远，名射天狼，三矢而止……诸王如上法矢。不以虎侯，豹虎熊侯，以草为人作侯，遵国典也。以次射毕，于别殿张盛燕，极丰厚。"这表明，源于原始巫术的射柳，在其后来，宗教性色彩逐渐淡化，而其所带有游乐性、竞技性、礼仪性的色彩便逐渐凸显出来。

实际上，建立大元的蒙古族本来即是一个以骑射为骄傲的民族。"元起朔方，俗善骑射，因以弓马之利取天下。"依靠骑射功夫，草原上的民族英雄成吉思汗与他的子孙们横扫欧亚大陆，建立起庞大的蒙古帝国，使

世界都为之战栗。对此,波斯史学家志费尼在《世界征服史》中曾用诗一般的语言来赞美蒙古男子:

他们都是神箭手,发矢能击中太空之鹰,黑夜抛矛能抛出海底之鱼。他们视战斗之日为新婚之夜,把枪尖看成美女的亲吻。

如此一个民族所建立的大元,必然是一个崇尚武功的时代,从而使射箭成为元朝的一项重要活动。用《蒙古秘史》第190节所载别勒古台的话说,便是:"还活着的时候,就让人家把自己的箭筒夺去,活着还有什么用?生为男子,死也要跟自己的箭筒、弓和骨头躺在一起!"射箭是蒙古人的自豪和骄傲,从而使射箭成为如今那达慕大会上三大比赛技艺之一。

清朝是一个以武功得天下的民族,对于骑马射箭一套马上功夫极为重视。因此,射箭、摔跤等活动成为满族旗人的一种必修课而得到延续。每代清朝最高统治者都把到围场进行狩猎看成一项重要的皇家活动而兴师动众,乾隆帝甚至多次前往围场狩猎,以表示自己是一个雄震天下的明君。

清朝·绵亿 猎骑图

当然,自以为是女真族后裔的满族,在入主中原后,也继承了金的射柳活动。据说,端午节这一天,"帝京午节极胜游览。或南顶城隍庙游回,或午后家宴毕,仍修射柳故事,于天坛长垣之下,骋骑走繲"。因此,在清人所写风俗诗中能见到咏射柳的诗句:"毬场射柳马如飞,艾叶催装七事衣。"康乾盛世如此,即使在国运衰至不可收拾的同光岁月,也还在宫中举行射柳活动。因此,才留下了光绪帝射柳的记录。

在《天咫偶闻》中,还记载有多种弋射方式:"国家创业,以弧矢威天下,故八旗以骑射为本务,而士大夫家居亦以射为娱。家有射圃,良朋三五，约期为会。其射之法不一：曰射鹄子，高悬栖皮，送以响箭……曰射月子……即以布为正也；曰射绸，悬方寸之绸于空而射之，此则较难。又有于暮夜悬香火于空而射之，更难。然皆巧也，非力也。"由此可见，在清朝初年，八旗子弟对于骑射还是较为重视的，因而弋射之戏仍在流行。

清朝·绵亿 猎骑图

第五节 龙舟竞渡

水上竞技项目，最为典型者莫过于"龙舟竞渡"。有关龙舟竞渡的起源，最为流行者为"拯救屈原"之说：

屈原以五月望日赴汨罗，土人追至洞庭不见，湖大舡小，莫得济者，乃歌曰：何由得渡湖？因而鼓棹争归，竞会亭上。宿以相传，为竞渡之戏。诸郡率然，而南郡、襄阳为甚。

历代文献也大都以此说为宗，众多文人墨客的佳作也无不是讴歌屈原忠君王、敬清官之叹。宋人王珪的《端午帖子词》云：

御风和暖水如鳞，争看兰舟竞渡人。
应是君王好忠直，至今犹为吊孤臣。

与此相类似的，还有"迎伍子胥说"和"纪念越王勾践说"等。

这些说法都有一个共同的特点，即皆是为纪念曾经造福于本地的英雄而开展龙舟竞渡活动的。不过，我们认为，这皆为附会之说，当为后人臆测之词。

其实，龙舟竞渡之戏应起源于远古的祭祀活动。龙舟竞渡的原始巫术含义，应在"乞求种族繁衍、禳灾驱邪"，其性质"与北方地区

广西西林铜鼓《竞渡图》拓本

三月上巳节到河中洗涤求子的'祓禊'风俗是一致的"。现在,清水江苗族赛龙舟时所唱《龙舟飞歌》中有"要划龙舟,人类才兴"、《祭龙舟词》中有"赐给大家添子孙,多像蜜蜂万万千"的话语。

最早龙舟记载见于《穆天子传》中:"天子乘鸟舟龙舟,浮于大沼。"在此,鸟与龙,寓意男女结合,繁衍人类,"天子乘鸟舟龙舟",所表示的便是天子妃嫔同乘龙舟"浮于大沼",举行"祓禊"宗教祭祀活动。

至汉代,龙舟的宗教性含义已模糊,且龙舟形制也发生了改变。《淮南子》谓:"龙舟鹢首,浮吹以娱。"这表明,在汉代,龙舟已开始变为水上娱乐性工具。不过,《拾遗记》还说:"汉成帝尝与飞燕泛舟戏大液池……以云母饰于鹢,一名云母舟。又刻大桐木为虬龙,雕饰如真象,以夹云母舟而行。"至汉成帝时还与赵飞燕一起乘云母舟"戏大液池",似乎还有点周穆王"浮于大沼"的味道。

广西西林出土"羽人划船纹铜鼓"纹饰展开图

将划龙舟称为竞渡者,最早见于西晋人周处《风土记》:"仲夏端午……踏草,竞渡。"六朝人宗懔的《荆楚岁时记》也说"五月五日竞渡",并认为龙舟竞渡起源于拯救屈原。这表明,至少在南北朝时期,人们已将龙舟竞渡所具有的禳灾驱邪、乞求种族繁衍的原始含义忘却得一干二净了,不得不用新的传说来装扮这一重要民俗事象,使龙舟竞渡蒙上了一层更易于令人接受的纪念性、教化性色彩。

隋唐时代,龙舟竞渡已相当盛行,场面也十分壮观。《隋书》说:

《三希堂画谱·观竞渡图》

"习以相传,为竞渡之戏,其迅楫齐驰,棹歌乱响,喧振水陆,观者如云,诸郡率然。"

唐代,"竞渡之戏","方舟并进,以急趋疾进者为胜"。有个叫杜亚的人,为了夺得竞渡的胜利,还令人"以漆涂船底",将船手所穿罗绮之服涂以清油,以确保"入水而不濡"。唐人张建封还有一首《竞渡歌》:

《龙舟竞渡图》

　　五月五日天晴朗,扬花绕井啼晓莺。
　　使君未出郡斋外,江上早闻齐和声。
　　……
　　鼓声三下红旗开,两龙跃出浮水来。
　　棹影斡波飞万剑,鼓声劈浪鸣千雷。
　　鼓声渐急标将近,两龙望标目如瞬。

由于竞渡的激烈,各地皆在端午节前后忙于准备,甚至还耽误了农业生产。为此,元稹不无忧虑地写下了那首《竞舟》诗:

　　楚俗不爱力,费力为竞舟。
　　年年四五月,茧实麦小秋。
　　积水堰堤坏,拔秧蒲稗稠。
　　此时集丁壮,习竞拿亩头。
　　连延数十日,作业不复忧。

只是,在宋代初年,龙舟竞渡一度被明令禁止过。原因不是其他,而

唐 《竞渡图》

是宋太祖赵匡胤在统一全国的过程中,曾遇到南唐由竞渡船手组成的"凌波军"的有力抵抗。"(南唐)元宗时,许郡县村社竞渡,每岁重午日,官阅试之,胜者给彩帛银碗,皆籍其姓名。至是,尽取为卒,号为凌波军。"这些凌波军虽没有挽救南唐被灭亡的命运,但给赵匡胤带来不少的麻烦。为此,"乾德元年夏四月戊子,禁湖南竞渡。乾德五年夏四月戊子,禁民赛神为竞渡戏。开宝五年,禁西川民敛钱结社及竞渡"。

不过,宋太祖所发布的这几道禁令是不可能将龙舟竞渡这种带有深厚文化内涵的水上运动禁止得了的。何况,宋代统治者无一不是爱玩爱耍的高手,竞渡之戏所具有的特殊魔力也使那些身为天子的至尊将这项运动推广到都城汴梁。北宋都城汴梁并非水乡之地,在宋代以前并未见过有龙舟竞渡活动。为此,宋代最高统治者在都城汴梁开挖了金明池。每次龙舟竞渡,皇帝都驾幸金明池,并使之形成惯例。这种举动无疑对龙舟竞渡活动起到了推动的作用。因此,宋代著名画家张择端还有一幅《金明池夺标图》流传于世。

宋人张择端绘《金明池夺标图》

宋代,龙舟竞渡遍及我国南方多水地区,各地活动样式不一,五彩缤纷。在湖北,"以五月望日谓之'大端午',泛舟竞渡。逐村之人各为一舟,各雇一人。凶悍者于船艄执旗,身挂楮钱。或争驶殴击,有致死者"。这是端午节时的龙舟竞渡。在南方少数民族地区,"最重重午,不论生熟界,出观竞渡,三日而归。既望复出,谓之'大十五'"。

北宋时,以开封金明池龙舟竞渡最为精彩。金明池原为水军演练之地,后为水上娱乐场所。吴自牧描述金明池龙舟竞渡情形说:

上挂以锦绣银碗之类,谓之标杆,插在近水殿中。又见旗招之,则两行舟鸣鼓并进,捷者得标,则山呼拜舞。并虎头船之类,各三次睁标而止。

南宋时,以临安西湖竞渡最为盛大。西湖竞渡于每年二月八开始。周

密描述杭州清明期间龙舟竞渡的盛况说:

自过收灯,贵游巨室,皆争先出郊,谓之"探春",至禁烟为最盛。龙舟十余,绥旗迭鼓,交舞曼衍,粲如织锦。内有曾经宣唤者,则锦衣花帽,以自别于众。京伊为立赏格,竞渡争标。内珰贵客,赏犒无算。都人士女,两堤骈集,几于无置足地。水面画楫栉比如鱼鳞,亦无行舟之路。歌欢箫鼓之声,振动远近,其盛可以想见。

元代兴起之际,龙舟竞渡再一次遭到了禁止。崛起于草原上的蒙元统治者,是不可能理解龙舟竞渡活动的深厚文化内涵的。因此,当盛行于江南水乡之区的龙舟活动发生淹死人事件时,有的人便趁机大做文章,向朝廷奏报说:

亡宋蘶宾节日风俗,鸠敛钱物,桦桿龙舡,饮酒食肉,男女水陆聚观,无所不为,以为娱乐一时之兴。江淮、江西、福建、两广诸路,皆有此戏。归附之后,未尝禁治。若不具呈更张,切思无益之事,不惟有伤人命,亦恐因而聚众,不便于将来。拟合禁治,乞行移各路及申行御史台,遍行一体施行。

这个建议被朝廷采纳,于是,有关禁止龙舟竞渡的规定再次出笼。但是,老百姓还是划龙舟,搞竞渡,淹死人的事也不时发生。这样,朝廷再一次发布禁令,可最终也没有禁止得了。元代著名画家王振鹏还画了一幅《龙池竞渡图》,流传至今,藏于故宫博物院中。元人张宪写有一首《端午词》,歌颂的也是龙舟竞渡:

元人王振鹏绘《龙池竞渡图》(局部)

欧家桥下水如潮,东船夺得西船标。
棹歌声静晚山绿,万镒黄金一日销。

中国传统木刻龙舟

这表明,一种民间游艺项目,尤其是一种带有民俗性质的游艺活动,是不可能运用政权的力量予以禁止的。龙舟竞渡即属于此类活动。

至明代,龙舟竞渡活动仍然盛行不衰。如同北宋统治者一样,伴随明成祖定都北京,也将南方所特有的龙舟竞渡活动带到了北京。据说,"(马)文升为兵部十三年,国家事当言者,即非职守亦言无不尽。尝以太子年及四龄,当早教谕,若内廷曲宴,钟鼓司承应,元宵鳌山,端午竞渡诸戏,皆令勿见。"明人刘若愚《酌中志·明宫史》也说:"五月初五日,圣驾幸西苑,斗龙舟划船。"明熹宗不仅喜欢看龙舟竞渡,还喜欢亲自荡舟水中。他下令疏浚太液池,经常泛舟其中。天启五年(1625)的一天,熹宗正在太液池中返舟为乐,突然风起舟翻,他与两个小太监都落入水中,管事太监谈敬等下水拼命相救,这位真龙天子才得以生还。为此,明末人陈悰还作了一首《天启宫词》:

琉璃波面浴轻凫,艇子飞来若画图。
认著君王亲荡桨,满堤红粉笑相呼。
风掠轻舟雾不开,锦鳞吹裂彩帆摧。
须臾一片欢声动,捧着真龙出水来。

在南方多水地区，明代的龙舟竞渡开展得更为广泛。张岱描述金山一带的龙舟竞渡说：

温州博物馆收藏民国初年南塘河上端午节"龙舟竞渡水"图片

瓜州龙船一二十只，刻画龙头尾，取其怒。旁坐二十人，特大楫，取其悍。中用彩蓬，前后旌幢绣伞，取其绚。撞钲挝鼓，取其节。艄后列军器一架，取其锷。龙头上一人足竖，恬掇其上，取其危。龙尾挂一小儿，取其险。自五月初一至十五日，日画地而出，五日出金山，镇江亦出。惊湍跳沫，群龙格斗，偶堕洄涡，则百蚮捷捽，蟠委出之。金山上人团簇，隔江望之，蚁附蜂屯，蠢蠢欲望。晚则万艅齐开，两岸沓沓然而沸。

明人杨嗣昌所著《武陵竞渡略》，对其家乡武陵竞渡之戏叙述甚详。在此书中，杨嗣昌将龙舟建造、船手选择、竞赛水域及方法、龙舟竞渡歌词、禳灾及祭祀仪式等都予以详细叙述，甚至，连如何防止"斗伤溺

现在江南水乡举行龙舟竞渡盛况

死"之事也都予以周到考虑；认为："今洞庭以北武陵为沅，以南长沙为湘也。故划船之盛甲海内，盖犹有周楚之遗焉"；武陵龙舟竞渡，"自四月造船，便津津有味，五月划船后，或胜或负，谈至八九月间，沾沾犹未厌也。"杨嗣昌通过观众情绪的变化来烘托竞渡对于人们心理的影响，格外精彩：

方其清谈浪笑，忽闻船赛，莫不停杯变色，倚槛瞪眸，是耶非耶，若得若失。元黄自战，胜负俄分，于是或气涌如山，可以踏江穿屋；或颜灰若死，不知下殿辞楼。鹰飞天而雉伏蒿，龙为鱼而鼠变虎，殆未足以极其情喻也……诸船分界唯土民割据，胜负嚣争，儿童妇女无肯逊人一语。或居此船而不争船，党人憎之，谓没志气、纳降书、攥桶子。

由此可见，龙舟竞渡是一种凝聚乡里亲情的重要活动。

直至清代，北京城中仍有龙舟竞渡活动。顺治、康熙年间，每逢端午节，皇帝即率王公大臣泛舟太液池中，自乾隆以后才改在圆明园福海举行。"乾隆初，上于端午日命内侍习竞渡于福海中，皆画船箫鼓，飞龙鹢首，络绎于鲸波怒浪之间，兰桡鼓动，旌旗荡漾，颇有江乡竞渡之意……今上（仁宗）亲政后，亦屡循旧制观之，然每以雨泽愆期，罢演

赛龙舟

者多矣。"

　　正是因为如此，龙舟竞渡数千年，至今不仅盛行不衰，反而其竞技性更加鲜明与激烈，参与竞渡者已遍及世界各国，从而使我国南方成为世界性龙舟竞渡的举办地。

第五章

有闲者的作乐

这里所说的有闲者,既是社会的寄生者,也是生活的糜烂者,自古以来即为正直的人们所不齿。这些人以斗鸡走狗为能事,以寻欢作乐为慰藉,体现的是玩物丧志的人生追求。

不过,从古代有闲者的作乐之戏中,如果能够摈弃古代斗鸡、斗蟋蟀之类的糟粕,效法其中精心养护动物的一点长处,可能还有一点积极效应。

第一节 斗鸡

斗鸡，顾名思义，是将两只性情凶猛的公鸡放在一起，引诱其互相啄咬攻击对方，以冲前啄斗为胜，以退避逃逸为败，并以此来寻求乐趣的一种游戏。

斗鸡是一种非常古老的游戏。至于古到什么时间，已难以考证。起码，自春秋战国开始，斗鸡就已经成为一种较为流行的游戏。因此，司马迁才在他的《史记》中说："临淄甚富而实，其民无不吹竽、鼓瑟、击筑、斗鸡、走犬、六博、蹋鞠。"

在《左传》中，即记载了一个鲁国季氏与郈氏两大夫以斗鸡取乐的故事：为使自己的斗鸡能够胜过对方，各自在斗鸡身上采取了一些令对方难以想到的方法。季氏"介其鸡"，即为斗鸡制作一件铁甲披在身上；郈氏"为之金踞"，即制作了一对铁爪子套在斗鸡爪子上。经过如此精心装饰，两只斗鸡争斗得更加凶猛，也更有趣。

山东济宁出土汉画像石《斗鸡图》

庄子是战国时期的一位哲学家，但他的著作中记载了众多有趣的故事来证明他的哲学观点。其中，即有关于斗鸡的记载。他说，有一个名叫纪渻子的人，是一个很会调教斗鸡的人。他为君主培养一只合格的斗鸡,需要经过长达四十多天的时间,一直将这只斗鸡调教带"望之似木鸡"之时,才算成为一只具有强大竞争力的斗鸡。

这些故事说明,类似汉画像石《斗鸡图》的游戏在春秋战国之时不仅已经流行,而且斗鸡饲养已经拥有一套成熟经验。

两汉时代,斗鸡之风更浓。葛洪《西京杂记》卷二说,刘邦的父亲爱好斗鸡,刘邦登上帝位后,他的父亲却终日闷闷不乐,"高祖窃因左右问其故,以平生所好,皆屠贩少年,酤酒卖饼,斗鸡蹴鞠,以此为欢,今皆无此,故以不乐"。为此,刘邦将老爷子那些斗鸡帮蹴鞠之友迁来都城,才把老爷子哄得高兴起来。

老子爱好斗鸡,子孙也恶习不改。汉宣帝年少流落民间时,虽"高材好学,然亦喜游侠,斗鸡走马"。宣帝有此嗜好,他的老丈人也有斗鸡之癖。甚至,连皇后封立也与斗鸡有关。《汉书·外戚传》说,王皇后的父亲王奉光年少时即爱好斗鸡,宣帝流落民间期间因斗鸡与奉光相识。"奉光有女年十余岁,每当适人,所当适辄死,故久不行。"宣帝即位后,将其召入后宫,封为婕妤。霍皇后被废后,宣帝立王婕妤为皇后。如此"鱼找鱼,虾找虾,王八专找鳖亲家"的现象说明,自开国之日起,西汉王朝即弥漫在斗鸡之风中。

从河南南阳英庄出土的汉代画像石《斗鸡图》中,可以再现出当时斗鸡的精彩瞬间。此图画面中央伞盖下放有2樽2盘,盘内堆放果品。两只雄鸡身躯高大健壮,脖颈细长,喙嘴尖利,爪细而长,怒目相视,昂首屈腿,正欲厮杀。两只鸡后各站一贵族模样的人,唆使鸡斗,此二人身后还各站有一侍卫。

河南南阳英庄出土的汉画像石《斗鸡图》

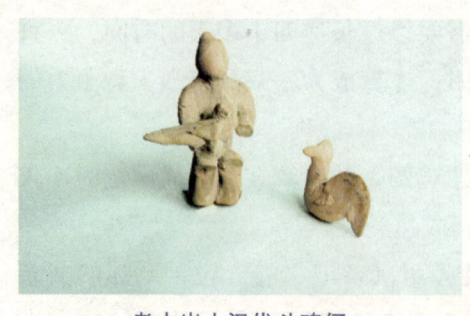
考古出土汉代斗鸡俑

但从有关资料看，在唐代以前，斗鸡之戏大都限于上流社会之中，当是一种有闲者的游戏。西汉时，大臣袁盎被免职，在家闲暇无事，以斗鸡走狗为排遣。汉代长乐宫中建有斗鸡台，专作皇家子弟斗鸡之用。

魏晋南北朝期间，斗鸡仍在上层社会中流行。三国时间，魏明帝即是一个酷爱斗鸡的君主。他特地筑起高台，开创了大规模斗鸡的先例。曹丕、曹植年少之际就非常迷恋斗鸡。曹植还写了一篇《斗鸡诗》，其中说：

游目极妙伎，清听厌宫商，
主人寂无为，众宾进乐方。
长筵坐戏客，斗鸡间观房，
群雄正翕赫，双翅自飞扬。
挥羽激流风，悍目发朱光。
觜落轻毛散，严距往往伤。
长鸣入青云，扇翼独翱翔，
愿蒙狸膏助，常得擅此场。

最著名的斗鸡迷恋者莫过于北齐幼主高恒。他在位仅一年就灭国，根本没有什么政绩可言，但在斗鸡上却是一位高手，并因此而名垂青史。他"犬于马上设褥抱之，斗鸡亦号开府，犬马鸡鹰多食县干"。按照这位幼年天子的政策，供其玩耍的"犬马鸡鹰"不仅可以吃国家的俸禄，而且可以如同官吏一样得到一定的职位与封号。这位亡国之君可谓酷爱"犬马鸡鹰"爱到了家。

甚至，纵情声色犬马的魏晋世族，斗灵巧的鸡还不过瘾，将笨拙的鹅、鸭等家禽也拿来斗，致使出现于汉代的斗鸭斗鹅

晋代斗鸡图

黄胄绘《斗鸡图》

之戏也成为上层社会的一种嗜好。三国时，孙权的儿子、建昌侯孙虑即有斗鸭的嗜好。他在堂前建起精致的斗鸭栏，畜养斗鸭于栏内水池中，招来执掌东吴军国大权陆逊的抨击。南朝刘宋时的王僧达也是个斗鸭迷。他听说杨列桥那个地方正举行斗鸭比赛，便不顾一切前去观看，结果遭到有司弹劾。这与现代著名画家黄胄所画的斗鸡一样，一门心思的斗，结果把自己的官职也斗掉了。

唐代，是斗鸡成为城市娱乐性活动的一个重要历史时期。这种局面的出现，一是与城市工商业经济的发展密切相关，二是与统治者酷爱斗鸡所分不开的。唐玄宗是一个爱玩的角儿。他不仅是梨园班首，还是一位斗鸡高手。早在未当皇帝之前，他就酷爱上斗鸡这种游戏。当了皇帝之后，他下令在宫中建起了鸡坊，专门负责为他挑选、饲养训练斗鸡。在这座中国历史上唯一的斗鸡坊中，饲养了从全国各地挑选来的斗鸡数千只，负责饲养和训练这些高冠健距、羽毛美丽斗鸡的六军小儿即有五百余人。东城父老贾昌自小以弄鸡为能事，因养鸡得法，号为"神鸡童"，大受唐玄宗的宠信，被召为"鸡坊小儿"，成为"衣食龙武军"的班首，以致"时人为之语曰：生儿不用识文字，斗鸡走马胜读书"。每到清明、千秋等节日，或是宴乐之时，唐玄宗就要在众人面前展示他的斗鸡雄姿。届时，乐队要高奏乐曲，后宫粉黛也要尽数前

《唐玄宗观斗鸡图》

来观看助兴。数千只斗鸡,在鸡坊首领贾昌的指挥下,按照乐队所弹奏音乐的节拍,列队从鸡坊中走出。斗鸡结束之后,这些斗鸡还要按顺序列队回到斗鸡坊中去。如此斗鸡,实在让人感到,即使皇家的斗鸡,也与民间斗鸡非同一般。

上好之,下自效之。中唐之时,诗人王建写诗形容当时官僚斗鸡之风说:"百官朝下午门西,尘起春风过玉堤。黄帕盖鞍呈马了,红罗系项斗鸡回。"下朝之后,连家也顾不得回,就风尘仆仆地来到午门以西斗起鸡来,可见,当时朝臣对于斗鸡的迷恋程度。唐代,亲王几乎个个迷恋于斗鸡。唐高宗时,沛王李贤与英王李显,皆是斗鸡迷。在沛王府任修撰的才子王勃还为沛王写了一篇《檄英王鸡文》。高宗"览之,怒曰:'据此是交构之渐。'即日斥勃,不令入府"。

王公大臣如此,士大夫也大都喜欢斗鸡。孟浩然是个淡泊的人,当朋友拜访之时,也不得不陪着斗鸡以为乐。因此,他在《李少府与杨九再来》一诗中写道:"烟火临寒食,笙歌达曙钟。喧喧斗鸡道,行乐羡朋从。"韩愈的斗鸡诗写得格外精彩,可能,他当是个斗鸡的高手。否则,韩愈是不可能与好友孟郊你问我应,写出《斗鸡联句》来的。

唐代,不仅男子沉湎于斗鸡,即使妇女也对斗鸡之戏情有独钟。宣城一位叫史凤的妓女,曾写诗道:"枕绘鸳鸯久与栖,新裁雾縠斗神鸡。与郎酣梦浑忘晓,鸡亦留连不肯啼。"直至五代,后蜀花蕊夫人的《宫词》还说:"寒食清明小殿旁,彩楼双夹斗鸡场。内人对御分明看,先赌红罗被十床。"斗鸡中还有赌博行为,更为真实地反映了五代之时宫中女子斗鸡的场面。

斗鸡之风的盛行,必然使斗鸡带有商品化的特点。"诸王世家、外戚家、侯家,倾币破产,市鸡以偿鸡值。都中男女,以弄

唐墓壁画中的《抱斗鸡仕女图》

鸡为事。"有的人家甚至养不起斗鸡，甚至以木鸡来斗，聊以作充饥的画饼。为斗鸡而不惜倾家荡产，所表明的不是其他，而是说明唐代时斗鸡活动已呈现为非理性状态，达到了几乎令人疯狂的地步。

如此斗鸡之风，甚至影响到那些来唐的外国人，使斗鸡活动传到了外邦之中。日本斗鸡之风的兴起，即是又遣唐使带回去的。

宇光绘《斗鸡图》

宋代，是我国市民阶层迅速壮大的时代，也是包括斗鸡在内的以各种动物争斗取乐的一个鼎盛时期，从而使斗鸡、斗蟋蟀、斗鹰、斗狐等成为一种普遍性的市井之乐。

北宋诗人梅尧臣即是一位对斗鸡有着极厚兴趣的人。在他的诗中，能多次见到有关斗鸡的描述。在一首诗中，他形容斗鸡争斗时的雄姿为："勇颈毛逆张，怒目眦裂盱"，在另一首诗中，他又描述当时的斗鸡场面说："斗鸡旗底逢逢鼓。"由此可见，北宋时的斗鸡不仅盛行，而且斗鸡之时还要有人为之擂鼓助威。

南宋时，有人在临安园林蒋苑中畜养了一群斗鸡，专门以斗鸡来吸引观众，"以娱宾客"，以取赏钱。此种斗鸡活动，在性质上，已不再属于竞技性娱乐，而是一种市井之民谋生之道了。

斗鸡还往往与赌博联系在一起，促使斗鸡的饲养、搏斗规则等趋向完善。南宋周去非说："番禺人酷好斗鸡，诸番人尤甚。"斗鸡饲养与训练的方法颇为讲究，"结草为墩，使立其上，则足尝定而不倾；置米高于其头，使昂膺高啄，则头常竖而觜利；割断冠绥，使敌鸡无所施其觜；剪其尾羽，使临斗易以盘旋。常以翎毛搅入鸡喉，以去其涎，而淘米饲之"；"至其斗也，必令死斗胜负一分，死生即异"。斗鸡比赛为三局。前两局带有预赛性质，斗鸡一旦失利，主人当即"抱鸡少休，去涎饮水，以养其气"。第三局为决胜局，"两主皆不得预，二鸡胜负生死决矣。鸡始奋击用距，少倦则盘旋相啄，一啄得所，觜牢不舍，副之以距，能多如是必胜"。如此斗鸡，看客很多，"注以黄金，观如堵墙"。

明代，甚至在文人中出现了斗鸡性组织。天启年间，文人张岱便在龙山脚下设立斗鸡社，那些文人墨客常携古董、书画、文锦、川扇之类物品作为赌注，前来斗鸡。据说，张岱的斗鸡英勇无比，每每取得胜利，那些前来斗鸡的文人也因此不得不把自己心爱之物贡献给他。如此斗鸡，虽有高雅色彩，但被那赌博行为玷污了。

明朝 斗鸡图

斗鸡之风，在清代还很浓，无所事事且又生活优裕的八旗子弟云集北京，从而使这座历史名城成为斗鸡走马之风浓烈的城市。在这股斗鸡之风中，甚至培育出著名的斗鸡品种九斤黄。对此，李声振曾作《竹枝词》，咏都门斗鸡之风说：

红冠空解斗千场，金距谁堪冠五坊。

怪道木鸡都不识，近人只爱九斤黄。

即使今日，在有些地方，仍然把斗鸡作为一种娱乐性活动而不时有所开展。如南阳，即成立了什么斗鸡协会，在节日或闲暇之际举行一些斗鸡活动。

如此一种古老的斗鸡活动，在现代娱乐性项目层出不穷的岁月之中仍然还有其存在之所，说明人类对于争强好斗的心理，还可能通过这类残忍的动物性争斗行为得以释放。

斗鸡图片

第二节 斗蟋蟀

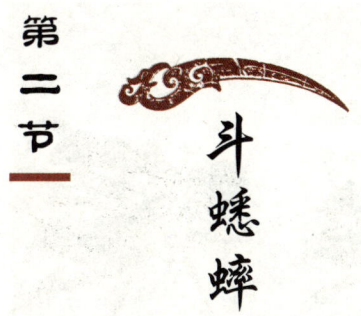

蟋蟀，古称"蛩"，也叫"促织""蛐蛐"。斗蟋蟀之风，当起源于唐。五代人王仁裕在《开元天宝遗事》中说："每至秋时，宫中妃妾辈，皆以小金笼捉蟋蟀闭于笼中，置之枕函畔，夜听其声，庶民之家皆效之也。"这当是斗蟋蟀之风的滥觞。因此，宋人顾逢在《负暄杂录》中说："斗蛩之戏始于天宝间。"

自宋代开始，斗蟋蟀之风才逐渐盛行起来，成为上自皇帝与官宦豪门，下至平民百姓的一种普及性社会风气。自此之后，斗蟋蟀之风历代不断，并由此产生了一些有关斗蟋蟀的传说。其中，最为流行的便是济公斗蟋蟀的传说。

南宋宰相贾似道，则是

传说济公斗蟋蟀图

一个被称为"蟋蟀宰相"的高级官僚。他斗蟋蟀成癖，终日在府第之中与妻妾一起大呼小叫地斗蟋蟀，遭到世人的讥讽："此军国重事邪？"因此，甚至连真正的军国大事，他都置之脑后。据说，有一天，南宋重镇襄阳被蒙古军队包围，急需朝廷发兵救援。如此重大军情，理应立即处理，但他只顾"与群妾踞地斗蟋蟀",竟然忘记将如此重要军情上奏朝廷,更忘记派兵驰援,而是一天又一天地躲在西湖葛岭私邸半闲堂中与群妾斗蟋蟀,最终导致南宋王朝的灭亡。谁曾想,几只小小秋虫,竟能毁治臣,误郡国。

谁曾想,几只小小秋虫,竟能毁治臣,误郡国

不过,这个"蟋蟀宰相"所写的《促织经》却系统地总结了蟋蟀的饲养之道,从而为后世留下世界上第一本研究蟋蟀的专著。贾似道的《促织经》涉及调养蟋蟀的各个方面,有"收虫秘诀""养虫要法""蓄养所忌""治积食不化""交锋论法""慎斗论""斗胜养法""观虫形象""虫辨"等篇目,对蟋蟀的形体辨别、饲养、调教、厮斗等,均有论述,后来问世的《蟋蟀谱》《虫经》《鼎新图像虫经》等有关蟋蟀的论著,无一不受贾似道《促织经》的影响。

隆庆　青花云龙纹蟋蟀罐

无独有偶,南明时的宰相马士英,也是一个有斗蟋蟀嗜好的人物。他"为人极似贾似道,其声色货利,以至好蓄蟋蟀,无一不同。时局严重,清兵临江,犹以斗蟋蟀为戏,一时目为'蟋蟀相公'"。

斗蟋蟀已成为宋代市井之民的一种嗜好,从而出现了一批依赖斗蟋蟀为生的市民。在托名为贾似道的《秋虫谱》中,即刻画了专门怂恿蟋蟀相斗谋生的市民形象:

有等好事君子,凡遇秋虫发动,则东闯西奔,寻豪探富,说合两家,携虫赌赛,则从旁而赞之,假心虚意,挑拨成场。东家撒漫,便帮西家以局动家;西家软怯,则就东家以取西家。设或两家各自张主,则又从中冷语:"某虫甚大,某虫色花。"扇两家之心,败已成之事。及至东家败北,则便向西家云:"我道东家不狠,今果然欤!"顷之东家复胜,便转面谓东家云:"我道未见得你虫便输,将军有复口,非此谓欤!"或放钱,或抽头,或倒卸,百般用意,总是为己,而不为人。一遇此辈,切须斟酌,勿令堕术中可也。

这类依赖斗蟋蟀之风而生存的市民,大概应属于吴自牧在《梦粱录》中所说的那些依靠"说合交易,帮涉妄作"的城市"闲人"。虽然,这类市井"闲人"在活跃市民生活上曾有过一定的作用,但其中也不免市井无赖之徒。

《促织扑捉图》

当然,在宋代斗蟋蟀的行列之中,更不乏为讨乐趣的休闲者,以及那些天真无邪的孩童。由于这些人的参与,才使斗蟋蟀真正成为一种游戏性乐趣。

斗蟋蟀活动的盛行,刺激了蟋蟀饲养与买卖现象的出现。南宋时,临安居民普遍饲养蟋蟀,以求能卖个好价钱。对此,《西湖老人繁胜露》说:

促织盛出,都民好养,或用银丝为笼,或作楼台为笼,或黑退光笼,或瓦盆竹笼,或金漆笼,板笼甚多……每日早晨,多于官巷南北作市,常有三五时火斗者。乡民争捉入城货卖,斗赢三两个,便望卖一两贯钱。苦生得大,更会斗,便有一两银卖。每日如此,九月尽,天寒方休。

乡下人依此获利,城中人依此娱乐,从早到暮,人潮如涌,可见斗蟋蟀之风之盛。

明清以来，斗蟋蟀之风仍然未减。明宣宗是一位酷爱斗蟋蟀的皇帝。据说，宣德八年（1433），苏州朱镇抚上贡了一只产自上方山的蟋蟀"黄麻头"，竟一举将宣德皇帝所拥有的一只被称

明代宣德　仿汝窑蟋蟀罐

为"梅花翅"的蟋蟀斗败。为此，宣德皇帝十分高兴，谕旨亲封这只蟋蟀为"金丝黄麻头"，上贡此虫的朱镇抚也被加官两级。次年七月，宣德皇帝降旨，命苏州知府况钟每年向民间征集勇猛善斗的蟋蟀一千只，以供其玩斗之用。因而有民谣说："促织瞿瞿叫，宣德皇帝要。"南明弘光政权存在时间虽仅有一年，但君臣仍不忘斗蟋蟀为乐。据说，当时的皇帝朱由崧贪恋女色，不得不经常吃蛤蟆补补身子，而奸相马士英则政事不闻，终日忙于斗蟋蟀，因而有"蛤蟆皇帝""蟋蟀宰相"之称。

皇帝提倡，人人趋附。自宣德年间开始，"京师人至七八月，家家皆养促织"，从而使各大城市之中出现了一种怪现象：如长安，"见健夫、小儿聚草间，侧身往来，面貌兀兀，若有所失。至于溷厕汗垣之中，一闻其声，涌声疾趋，如馋猫见鼠。瓦盆泥罐遍市井皆是，不论老幼男女，皆引斗以为乐"。

斗蟋蟀风气的盛行，自然使与斗蟋蟀有关的器具以及饲养技术更加精湛。宋代，对于饲养蟋蟀的器具即很讲究。仅盛养蟋蟀的笼子即有银丝笼子、金漆笼子、黑退光笼子、板笼、竹笼等多种。1966年，在镇江官塘桥罗家头南宋墓中，曾出土有陶制过笼三件，其中一件还有专门烧制蟋蟀陶

清朝　蟋蟀盒子

笼的朱姓戳记铭文。可见,此墓主人当是一个斗蟋蟀的迷恋者。不过,若论饲养蟋蟀的器具,宋代尚不如明代精良。就考古所见,蟋蟀罐以宣德年间所造仿耸汝釉、宜兴窑刻梅花纹、万历年间造五彩云龙爪棱式蟋蟀罐为上品。就文献记载所见,明代蟋蟀的饲料亦非常讲究,已开始用洗过的烂饭米粒,还逐渐加少许煮烂的毛豆、大米,秋分后一个月要增加毛豆分量,或者加少许羊肝、小青虾、蟹肉等富有营养的饲料。

就有关斗蟋蟀规则而言,似乎明代更为全面。明人谢肇淛说:"三吴有斗促织之戏,斗之有场,盛之有器,必大小相配,两家审视数四,然后登场决赌。"斗时,将两只大小相似的蟋蟀放入一大盆内,用蟋蟀草或马尾鬃引逗到一起相互厮咬,负者低头退却,胜者振翅欢唱,负者的主人则要将赌注支付给胜者主人。显然,如此带有赌博性质的斗蟋蟀,与今人李大章先生所绘《五行蟋蟀说图》所体现的休闲性斗蟋蟀是有根本性区别的。

清代,斗蟋蟀之风仍然兴盛。北京人"好畜蟋蟀,秋日贮以精瓷盆盂,赌斗角胜。有价值数十金者,为市易之"。《燕京岁时记》引《日下旧闻考》云:"永定门外五里胡家村产促织,善斗,胜他产。促织者,感秋而生,其音商,其性胜。今都人能种之,留其鸣深冬。"如此蟋蟀名品大都有专门名号,如金琵琶、红沙、青沙、三缎锦、香狮子、大将军等。

光绪年间,杭州驻防将军常恩即是一个斗蟋蟀迷。他因不惜银两购买蟋蟀"斗士"而闻名杭州城。老子喜欢蟋蟀,儿子也不亚于老

清代　斗蟋蟀形象图

子。常恩的二公子酷爱斗蟋蟀,以至于到了他老子调离杭州时还因留恋蟋蟀而不愿随老子离开。接任的瑞徵洞察二公子的心意后,不仅挽留他继续在杭州居住,还特意指定衙门腾出几间来供他饲养蟋蟀。

清末民初,北京城内外,以及南京城的炳灵宫、仪凤茶馆、双和茶园,上海城隍庙等处,都曾经设有蟋蟀赌场。民国年间,斗蟋蟀之风仍然存在。甚至,连一些小的县城之中都十分风行。如沧县,也"设有斗盆,俨然赌场,地痞纨绔,孤注千百,雅风扫地矣"。

旧北京庙会上出售蟋蟀的摊贩

斗蟋蟀是要有一定的规则和程序的。对此,《金陵野史》记载颇详。其中谓,斗蟋蟀要"斗之有场,盛之有器,掌之有人"。蟋蟀赌局一般由司秤、记账、监局三人主持。斗蟋蟀的程序为:开斗之前,先登记、编号,参与斗蟋蟀者要交上一定数量的费用,此谓之"缴彩";之后,要称蟋蟀的重量,按照蟋蟀的体重进行编组,并用纸标上号码,把蟋蟀罐口封好;开赌时,把重量相等的两只蟋蟀作为一对,放入中间有隔栅的罐,使两只蟋蟀隔离开来;当监场高喊"开栅"时,将栅提起,参与斗蟋蟀的两人用蛣草(又称"芡草",北京叫"蟋蟀探子",一般用细竹或象牙作杆,杆头缀老鼠胡须,有的缀草)来引逗蟋蟀。可以自逗,也可以由他人代

清朝　斗蟋蟀图

劳,代劳之人被称为"掌餂"。在厮咬之时,凡被咬败而退者为输,振翅高鸣者为赢。此时,监局高喊一声"提",就算定局。胜者赢得赌资,但要按一定比例给赌场留一点吉利钱。一些大型比赛还要在预赛的基础上进行决赛。北京所进行的蟋蟀决赛,叫"打将军"。

斗蟋蟀一般要下赌注,有时赌注甚高。在南京,蟋蟀决赛时的赌注为80枝花(80元),当时可购买3000斤大米。在上海,要数城隍庙春风得意楼斗蟋蟀的赌注最高,有的甚至高达千元。北京斗蟋蟀赌注一般为几十元,至少也有三五元。不过,下赌注较高者也不乏其人。据说,1943年前后,北京前门外延寿寺街开银号的周掌柜曾设过蛐蛐局,"每局咬斗,都要押上成百上千元'金票'"。斗蟋蟀时,旁观的人可以跟着下赌注,这叫"随彩",或将"跳井"。

图片授权
中华图片库
北京全景视觉网络科技有限公司
林静文化摄影部